D1664071

Das Buch

Die Autorin Svenja Limbach nahm sich zusammen mit ihrem Lebensgefährten eine Auszeit vom Berufsalltag, um auf Reisen zu gehen. Dieses Buch enthält wichtige Informationen, Fakten und Tipps zur Planung einer Langzeitreise. Ob man mehrere Monate oder mehrere Jahre verreisen möchte - eine Langzeitreise muss geplant werden und je länger, offener und individueller man reisen möchte, desto wichtiger ist die Vorbereitung. Dieses Buch liefert eine wertvolle Unterstützung dafür. Außerdem schildert die Autorin die Hintergründe zu ihrer Reise, berichtet, wie die beiden zu der Idee kamen, welche Reaktionen sie erfuhren, welche Risiken sie abwägen mussten und wie es dazu kam, dass sie die Reise (trotz allem!) gemacht haben. Das ausführliche Tagebuch zu ihrer Reise mit dem Titel »Lebezeit. Ein schonungsloser Reisebericht« (ISBN 978-3-86931-900-1) ist im Buchhandel erhältlich.

Die Autorin

Svenja Limbach, Jahrgang 1970, im normalen Leben im Personalbereich tätig, hat bei der Erstellung ihres Reise-Blogs die Freude am Schreiben entdeckt. Zusammen mit ihrem Lebensgefährten hat sie schon viele Reisen unternommen und die beiden sind unterwegs ein gut eingespieltes Team. Während ihr Lebensgefährte während der Reise für die gesamte Technik rund um Auto und Kommunikation zuständig war, hat die Autorin eher den organisatorischen Teil übernommen.

Svenja Limbach

Lebezeit

Eine Anleitung zum Langzeitreisen

© 2011 Svenja Limbach

Herstellung und Verlag: epubli GmbH, Berlin, www.epubli.de

ISBN: 978-3-8442-0381-3

Bibliografische Information der Deutschen Nationalbibliothek

Die Deutsche Nationalbibliothek verzeichnet diese Publikation in der Deutschen Nationalbibliografie; detaillierte bibliografische Daten sind im Internet über http://dnb.d-nb.de abrufbar.

Printed in Germany

Rechtliche Hinweise

Die Inhalte dieses Buchs wurden mit größter Sorgfalt und nach bestem Wissen und Gewissen recherchiert. Für Fehler, Irrtümer und unvollständige oder veraltete Angaben kann jedoch keine Haftung übernommen werden.

Die Informationen basieren auf der zur Zeit der Erstellung dieses Buchs geltenden Rechtslage und unseren persönlichen Erfahrungen und Einschätzungen. Es wird ausdrücklich darauf hingewiesen, dass sich einzelne Regelungen, vor allem in den Bereichen Krankenversicherung, Arbeitslosigkeit und Einreisebestimmungen seitdem geändert haben könnten. Die grundlegenden Informationen sind aber davon unberührt.

Die länderspezifischen Informationen beziehen sich auf die von uns bereisten Länder Australien, Guatemala, Belize, Mexiko, Dominikanische Republik, USA, Jamaika und Ecuador. Dieses Buch soll insofern keinen Reiseführer ersetzen, sondern vielmehr ein Gerüst bieten, das dem Leser helfen soll, die eigene Langzeitreise zu planen.

**Manch ein falscher Schritt wird getan,
indem man stehen bleibt.**

Chinesisches Sprichwort

Inhalt

Vorwort

Als mein Lebensgefährte und ich die Entscheidung trafen, für längere Zeit auf Reisen zu gehen, wussten wir weder, welche Länder wir bereisen wollten noch wie lange wir unterwegs sein wollten. Wir empfanden es als großen Luxus, die Frage nach der Dauer unserer Reise nicht beantworten zu können bzw. zu müssen. Wir haben uns bewusst dafür entschieden, mit der größtmöglichen Freiheit zu reisen, das heißt: kein Arbeitgeber, der uns zu einem bestimmten Termin zurück erwartet und kein Ticket, das uns vorschreibt, wann wir wohin fliegen müssen. Wir fanden, dass wir dadurch das Beste aus der Reise herausholen können und sie dadurch, dass wir keinen Zeitdruck haben, noch mehr genießen können.

Zudem war für uns schnell klar, dass wir einen Reisestil anstreben, der es uns erlaubt, auch etwas länger zu reisen, sprich: Wir wollten so günstig wie möglich, also als Backpacker reisen. Wir haben nicht geplant, unterwegs zu arbeiten und gehofft, dass es nicht nötig sein wird.

Unsere Reisevorbereitung war also darauf ausgerichtet, möglichst flexibel zu bleiben, was die Reisedauer und die Reiseziele betrifft. So kam für uns beispielsweise ein Round-the-World-Ticket nicht in Frage, da es uns nicht erlaubt hätte, länger als 12 Monate unterwegs zu sein und die Flüge vorher hätten feststehen müssen. Gerade dieser Anspruch machte die Planung sehr kompliziert und aufwändig. Unsere Jobs kündigten wir, weil wir uns bei allen Absprachen mit unseren Arbeitgebern auf einen Zeitraum hätten festlegen müssen. Unsere Wohnung haben wir untervermietet, um gerade bei einer längeren Reise nicht zu hohe Kosten zu haben. Zusätzlich mieteten wir ein Lager an, um einige Möbel unterzubringen. Ob wir nach drei Monaten wieder zurück-gekommen wären oder ob daraus drei Jahre geworden wären -

alles wäre somit machbar gewesen und es lag allein an uns, wie lange wir es aushalten oder wie lange es finanziell reicht...

Welche Länder wir bereisen wollten, kristallisierte sich irgendwann heraus. Zumindest der Start stand schnell fest: Wir wollten unsere große Reise in unserem Traumland Australien beginnen, das wir schon einmal sechs Jahre zuvor bereist hatten und das uns immer noch faszinierte. Sich als Start für so eine Reise ausgerechnet das Land auszusuchen, das am weitesten entfernt liegt, klingt vielleicht nicht gerade logisch. Die meisten Langzeitreisenden, die nach Australien wollen, reisen über Asien. Asien war in unserer Planung nicht vorgesehen, dafür Südamerika. Wir wollten aber mit unserer Reise nicht in einem Kontinent beginnen, der etwas schwieriger zu bereisen ist und dessen Sprache wir (noch) nicht sprechen. Australien schien uns als Einstieg einfach angenehmer.

Außerdem war es uns nicht so wichtig, einmal um den ganzen Globus zu reisen oder alle Länder dieser Erde zu sehen, und da kann man dann genauso gut in Australien beginnen.

Über unsere Reise

In Australien starteten wir also und bereisten das Land vier Monate lang. Wir kauften uns zunächst einen alten Camper, der aussah wie ein »Hippie-Mobil«. Innen war er von den Vorbesitzern aufwändig ausgebaut und liebevoll dekoriert worden. Leider brachte uns das Auto nicht viel Glück, da wir von Anfang an technische Probleme hatten. Nach nur drei Wochen wurde es aufgebrochen (gut, da kann das Auto jetzt nichts dafür) und alle Wertgegenstände inklusive einiger wichtiger Dokumente gestohlen, und nach weiteren drei Wochen verabschiedete es sich mitten im Outback. Nach so viel gehäuftem Pech hatten wir erst einmal keine Lust mehr auf alte Camper, auch wenn es eigentlich besser zu uns gepasst hätte, und mieteten uns für zwei Wochen ein schönes großes Wohnmobil mit allem drum und dran. Anschließend wollten wir entscheiden, ob wir uns nochmal ein Auto kaufen oder nicht. Wir entschieden uns letztendlich dagegen, da wir unseren automechanischen Kenntnissen nicht über den Weg trauten und Gefallen an dem entspannten Reisen ohne den morgendlichen skeptischen Blick unter die Motorhaube gefunden hatten. Somit mieteten wir uns für den Rest der Reise in Australien einen etwas kleineren, älteren und günstigeren Camper, der zwar keine Toilette und Dusche hatte (die wir eh nicht gebraucht haben, da die Campingplätze so super ausgestattet waren), aber ansonsten für uns völlig ausreichend war.

Während der Zeit in Australien stellte sich schon ein bisschen Sehnsucht nach der Familie ein, so dass wir uns entschieden, einen Treffpunkt mit meiner Schwester und ihren Kindern in den Osterferien zu vereinbaren. Eigentlich hatten wir vorgehabt, von Australien nach Argentinien zu fliegen und Südamerika von Süden nach Norden zu bereisen. Das hätte von der Reisezeit ganz gut gepasst. Nun konnten wir uns dort aber keinen Urlaubsort vorstellen, der für ein Familientreffen geeignet ist. Nach einigem Kopfzerbrechen war die Lösung, Südamerika in die andere Richtung zu bereisen und ganz im Norden zu beginnen. Von dort aus ist die Karibik nicht weit und was eignet sich besser als ein All Inclusive Hotel auf einer Karibik-Insel.

Die Zeit bis zu den Osterferien überbrückten wir, indem wir von Australien zunächst nach Guatemala flogen, wo wir unter anderem einen Spanischkurs machten. Über Belize reisten wir dann nach Mexiko und flogen von dort aus in die Dominikanische Republik.

Da wir jetzt sowieso schon in der Karibik waren, wollten wir uns zumindest noch eine weitere Insel anschauen und entschieden uns für Jamaika. Keine Ahnung, wie wir darauf kamen, wahrscheinlich war es das Bild von Sonnenuntergängen am Strand, chilliger Reggae-Musik und einem Cocktail in der Hand, das uns dazu verleitete. Um nach Jamaika zu kommen, muss man über die USA fliegen und somit nutzten wir die Gelegenheit zu einem Stopover in Florida. Der neue iPad war gerade herausgekommen und Mann musste sich den unbedingt ansehen. Gut, ein bisschen Shopping für mich war auch dabei. Es hielt sich aus Platzgründen aber in Grenzen.

Von Jamaika aus ging es dann wie geplant nach Südamerika. Aufgrund der Nähe bot sich Ecuador an. Ecuador war nicht nur unsere erste, sondern auch unsere letzte Station in Südamerika, da wir von dort aus nach einigen Tagen in Quito und Umgebung, einigen Tagen im Dschungel und einer Galápagos-Rundreise wieder nach Hause flogen. Die meisten unserer Freunde haben das natürlich nicht so richtig verstanden. Es war einfach so, dass wir so oft an zuhause gedacht haben und darüber gesprochen haben, bis uns klar wurde, dass wir wieder nach Hause wollen. Vielleicht kann man das auch nicht richtig erklären.

Wie dieses Buch entstand

Unsere 8-monatige Reise war für uns - trotz mancher Widrigkeiten - ein voller Erfolg und eigentlich können wir sagen, dass alles so geklappt hat, wie wir uns das vorgestellt haben. Wir hatten sicher bei dem einen oder anderen Punkt Glück. Ich bin aber überzeugt, dass eine gute Vorbereitung enorm dazu beiträgt, dass alles einigermaßen glatt läuft. Da ich tendenziell eher zu den Menschen gehöre, die gerne gut informiert und vorbereitet sind und nicht denken »das wird schon alles gut gehen«, habe ich Tage und Nächte damit verbracht, nach den benötigten Informationen zu suchen. Wobei das schon der schwierigste Punkt war, da man am Anfang einer solchen Planung nicht weiß, wonach man überhaupt suchen und welche Fragen man stellen soll. Zwischendurch habe ich mir immer wieder gewünscht, es gäbe ein Buch, das ich nur durchlesen muss und schon weiß ich Bescheid. Irgendwann hatte ich dann tatsächlich alles zusammen und war mittlerweile Expertin zum Thema Langzeitreisen.

Für uns waren die gesammelten Informationen extrem wertvoll. Auf viele Tipps und Fallstricke bin ich nur durch Zufall gestoßen und war sehr dankbar dafür. So entstand der Gedanke, andere, die etwas Ähnliches vorhaben, an unserem Wissen und Erfahrungsschatz teilhaben zu lassen. Ob man nur für drei Monate nach Australien fliegt, drei Jahre lang die Welt bereisen will oder irgendetwas dazwischen - die Überlegungen und Vorbereitungen sind zunächst einmal dieselben.

Dieses Buch enthält zwar auch spezifische Informationen über die von uns bereisten Länder, die für jemanden, der dort nicht hinkommt, vielleicht uninteressant sind. Es sind aber Beispiele dafür, wie etwas funktionieren kann. Letztendlich geht sowieso kein Weg daran vorbei, die eigene Reise individuell zu planen, die Einreisebestimmungen der Länder zu kennen und mit Hilfe von Reiseführern die Route auszuarbeiten. Insofern glaube ich, dass unsere Informationen und Erfahrungen für jeden Langzeitreisenden hilfreich sind.

Ich möchte mit diesem Buch auch einen Einblick in die Gedanken geben, die uns bewegt haben, sowohl vor der Reise als auch danach. Wie kommt jemand dazu, seinen Job zu kündigen, in Deutschland alles aufzugeben, ohne zu wissen, was danach ist? Wie fühlt es sich an, wenn man es dann wirklich getan hat? Und was nehmen wir von unserer Reise mit? Diese und ähnliche Fragen versuche ich zu beantworten und dem Leser, der vielleicht vorhat, demnächst etwas Ähnliches zu wagen, Denkanstöße zu geben. Der Kauf dieses Buches ist der erste Schritt, sich seinen Traum zu erfüllen!

Wer Lust hat, unsere Reise hautnah mitzuerleben, dem sei unser Buch »Lebezeit. Ein schonungsloser Reisebericht« (ISBN 978-3-86931-900-1) empfohlen.

I.

Vorbereitung

1 Entscheidungsphase

Die meisten unserer Freunde, Kollegen und Angehörigen fanden unsere Entscheidung, für eine längere, nicht genau definierte Zeit Deutschland den Rücken zu kehren und durch die Welt zu reisen »mutig«, andere hielten uns für verrückt. Vor allem wohl in finanzieller Hinsicht, weil wir unsere Jobs gekündigt haben.

Ein weiterer Aspekt war sicherlich auch, dass wir unsere bekannten Pfade verlassen und uns von allen Zwängen, aber auch allen Sicherheiten frei machten.

Den finanziellen Aspekt sahen wir nicht so dramatisch. Angst, trotz Finanzkrise unsere Jobs aufzugeben oder Bedenken, ob wir in Deutschland wieder einen Job finden, hatten wir nicht. In Anbetracht der Tatsache, dass uns viele Freunde während der Reise gesagt haben »Ihr macht das genau richtig, kommt noch nicht nach Deutschland zurück« hatten wir auch genau dieses Gefühl: Es richtig zu machen!

Wir hätten die Reise zu diesem Zeitpunkt wahrscheinlich nicht gemacht, wenn wir uns nicht hätten vorstellen können, nach unserer Rückkehr bei einem anderen Arbeitgeber zu arbeiten, oder etwas ganz anderes zu machen. Daher fiel die Entscheidung zugunsten der größtmöglichen Reisefreiheit.

Was die Finanzierung der Reise selbst angeht, muss man natürlich Rücklagen gebildet haben. Unsere Entscheidung war finanziell gesehen aber nicht so weitreichend und endgültig wie zum Beispiel ein Haus zu bauen oder Kinder zu bekommen (und ich kenne mehr Leute, die das tun als Leute, die eine Langzeitreise machen). Keiner sagt: »Das ist aber mutig«, wenn man ein Kind bekommt oder ein Haus kauft. Wir hätten ja jederzeit wieder in unser altes Leben zurück gekonnt. Ein Flug nach Hause ist schnell gebucht und irgendeinen Job hätten wir in Deutschland sicher gefunden, auch wenn es vielleicht nicht der Traumjob gewesen wäre. Ein Kind kann man nicht zurückgeben und ein Haus auch nicht so leicht. Ich glaube allerdings, dass das finanzielle Argument bei vielen Menschen, die unseren Plänen skeptisch gegenüber standen, nur vorgeschoben war. In Wirklichkeit kam es ihnen wohl etwas suspekt vor, was wir da vorhatten. Es passt einfach nicht in das Muster von einem Lebensweg, das viele im Kopf haben: Heiraten, Haus bauen, Kinder kriegen, arbeiten gehen, jedes Jahr sechs Wochen Urlaub machen und das bis zur Rente.

Natürlich hat es etwas mit Mut zu tun. Wir sind es gewohnt, uns mehr oder weniger fremdgesteuert innerhalb der Regeln und festgesteckten Grenzen des Arbeitslebens zu bewegen. Wir bekommen eben meist nur 30 Tage Urlaub und den haben wir bitte so zu nehmen, dass er möglichst zwischen zwei Projekten liegt oder dem Arbeitgeber passt. Wenn wir Glück haben, haben wir einen Arbeitgeber, der uns einen vierwöchigen Urlaub am Stück ermöglicht - in der Regel ist aber schon bei 2-3 Wochen zusammenhängendem Urlaub Schluss. Oft ist es in unserer modernen Arbeitswelt auch so, dass wir als selbstständig arbeitender, verantwortungs- bewusster Arbeitnehmer oder aus Rücksicht auf den Kollegen, der uns vertritt, schon gar nicht nach einem längeren Urlaub fragen.

Die Möglichkeiten, sich in seinem Leben auch mal mit anderen Dingen zu beschäftigen - es muss ja nicht unbedingt reisen sein - sind als Arbeitnehmer begrenzt. Als Gegen- leistung für diese Einschränkung bekommt man Sicherheit, ein regelmäßiges monatliches Einkommen, die Sozial- versicherung, vielleicht sogar berufliche Anerkennung und nette Kollegen, die im gleichen Boot sitzen und mit denen man sich austauschen kann. Wenn nun jemand dies alles aufgibt und das soziale Umfeld verlässt, aus der Normalität »aussteigt« (wobei Aussteigen in meinen Augen nochmal etwas ganz anderes ist; siehe Kapitel 3.4 »Aussteigen«), löst das bei vielen zunächst einmal Verwirrung, Überraschung, Unverständnis, vielleicht aber auch Neid, Begeisterung und Freude aus (das sind dann diejenigen, die insgeheim auch schon mal an so etwas gedacht haben).

Das Mutige an der Entscheidung ist aus meiner Sicht lediglich, dass wir die Verantwortung für unser Leben, unsere Zeit, die vielleicht jahrelang in den Händen unserer Chefs, vielleicht auch unserer Familie lag, wieder selbst übernehmen und eine Zeitlang einfach selbst entscheiden, was wir tun möchten, wie wir leben möchten. Denn ab sofort sind wir auch für alle Fehler, die wir machen, selbst verantwortlich und können nicht mehr den äußeren Zwängen und Verpflichtungen die Schuld geben. Das kann eventuell etwas unbequem sein. Andererseits gibt es nichts Schöneres als das Gefühl der absoluten Freiheit und Ungebundenheit, das Gefühl zu leben statt »gelebt zu werden«. Es fühlt sich einfach gut an, für sich selbst entscheiden zu können. Und wer soll uns schließlich glücklich machen, wenn nicht wir selbst?

Wenn die Entscheidung erst einmal getroffen und die Kündigung abgegeben ist, stellt man plötzlich fest, dass man den Absprung tatsächlich geschafft hat. Wie leicht das doch war! Und trotzdem war ich auch ein bisschen stolz auf mich…

Ein schlauer Mensch hat mal gesagt: »Bitte um Verzeihung, nicht um Erlaubnis«. Es kann uns niemand davon abhalten, das zu tun, was wir tun möchten, außer wir selbst. Auch wenn wir das natürlich wissen, müssen wir uns manchmal bewusst machen, dass wir das, was wir tagtäglich tun, aus Überzeugung tun sollten und nicht, weil wir es müssen. Für mich hat die Erkenntnis, dass mein Leben ab sofort 100%ig in meinen Händen liegt und ich mich an keinen Arbeitsvertrag, keine Urlaubsregelung halten muss, sondern wirklich tun kann, was ich will, ein unbeschreibliches Gefühl der Freiheit ausgelöst.

Natürlich bekommt man im Leben nichts geschenkt. Irgendwann muss man sich entscheiden, ob man so eine Reise machen möchte oder nicht. Dabei muss man sich darüber im Klaren sein, dass man einen Preis dafür zahlen muss. Der kann darin bestehen, dass man sich eine Zeitlang finanziell einschränken muss, eine Unsicherheit in der beruflichen Zukunft eingeht oder akzeptieren muss, dass jemand Fremdes im eigenen Bett schläft oder ein Teller vom guten Porzellan kaputt geht, wenn man die Wohnung untervermietet. Wer es trotz allem wirklich machen möchte - super! Wer damit ein Problem hat, sollte sich gut überlegen, ob er der Typ für solch eine Art des Reisens ist oder ob er es besser lassen sollte. Schließlich soll es ja auch Spaß machen!

2   Vorbereitungszeit

Den längsten Teil der Reiseplanung hat bei uns eigentlich die Phase der Entscheidung ausgemacht, dass wir die Reise machen wollen. Danach war es nur noch Fleißarbeit.

Der Grund, warum es so lange gedauert hat, bis wir uns für diesen Schritt entschieden haben, ist sicherlich, dass es uns zunächst einmal eine Nummer zu groß erschien. Eine Reise dieser Art bedeutet schon eine Veränderung in den Lebens-umständen. Es gibt aber letztendlich einen Hauptgrund, der dazu geführt hat, dass wir die Reise gemacht haben: Die Erkenntnis, dass man sein Leben nur einmal leben kann und die Zeit begrenzt und wertvoll ist. Dieser Erkenntnisprozess hat fast drei Jahre gedauert. Wir wussten, dass wir irgendwann so eine Reise machen wollten. Nur der Zeitpunkt war uns noch nicht klar. Daher begannen wir auch systematisch, Geld für das Vorhaben zu sparen. Als wir an den Punkt kamen, dass wir das Gefühl hatten, jetzt ist der richtige Zeitpunkt gekommen, entschlossen wir uns, in die konkrete Planung zu gehen. Die praktische Vorbereitung hat dann noch 5-6 Monate gedauert. Wir hätten es vielleicht auch in 4 Monaten schaffen können. Ich muss aber ganz klar dazu sagen, dass die Länge der Vorlaufzeit individuell ist und stark davon abhängt, welche Rücklagen man hat, was man zuhause regeln muss, ob man eine Vereinbarung mit dem Arbeitgeber treffen will, ob man seine Wohnung aufgibt, ob man vorher noch einen Sprachkurs machen will usw.. So kann man durchaus mit einem Jahr intensiver Planung rechnen.

3 Urlaub - Reisen - Auszeit - Aussteigen - Auswandern?

Ich habe mich gewundert, wie oft wir die Frage gestellt bekamen, ob wir auswandern wollten; hat doch keiner von uns jemals etwas in diese Richtung erwähnt. Scheinbar können viele unsere Pläne jedoch nicht einordnen und sich nicht vorstellen, was wir da eigentlich vorhaben. Das haben wir auch an anderen Fragen gemerkt, die uns gestellt wurden, z.B. ob wir jede Nacht im Hotel übernachten würden. Natürlich könnte man ein Backpacker Hostel auch als Hotel bezeichnen, aber preislich macht es doch einen großen Unterschied. Aber natürlich kann man auch nicht voraussetzen, dass jeder eine Vorstellung davon hat, wie man als Backpacker unterwegs ist. Viele denken vielleicht, wir machen einfach einen langen Urlaub und haben im Hinterkopf, wie sie selbst auf Urlaubsreisen unterwegs sind.

Damit klar wird, dass Reisen anders als Urlaub ist, man nicht gleich auswandern muss, wenn man für eine längere Zeit verreist und worin die Unterschiede bestehen, möchte ich das kurz erläutern.

3.1 Urlaub

Was Urlaub ist, weiß jeder. Meistens hat man dafür maximal 2-3 Wochen am Stück Zeit, fährt dann irgendwo hin, wo das Wetter schön ist und erholt sich entweder durch Nichtstun und Verwöhntwerden in einem All-Inclusive- oder Pauschalhotel, macht Sightseeing, indem man sich in der gegebenen Zeit möglichst viel anschaut oder macht Aktivurlaub, um einen körperlichen Ausgleich zur Bürotätigkeit zuhause zu haben.

3.2   Reisen

Wer reist, braucht mehr Zeit. Zum einen, weil er auch mal eine Weile an einem Ort bleibt und zum anderen, weil er die im Reiseführer beschriebenen Strecken hin und wieder verlässt. Manche Dinge oder Orte erschließen sich einem erst, wenn man sie länger beobachtet, mit Menschen spricht und oft erlebt man, dass die Sehenswürdigkeiten eines Landes das eine, die Mentalität der Menschen und wie sie leben, etwas anderes ist, das man erst nach einer Weile begreift.

Der Reisende bewegt sich in der Regel auch anders oder langsamer fort als der Urlauber. Da er mehr Zeit hat, kann er Strecken fahren statt zu fliegen und kann es sich leisten, einen halben Tag auf den nächsten Überlandbus zu warten anstatt mit dem organisierten Reisebus direkt zur nächsten Sehenswürdigkeit zu fahren. Beides hat Vor- und Nachteile und je nach Vorliebe, zur Verfügung stehender Zeit und finanzieller Mittel wählt man eben die Fahrt in dem langsamen Bus, während der man vielleicht mit Einheimischen ins Gespräch kommt oder zumindest interessante Beobachtungen machen kann oder man hat eine organisierte Rundreise gebucht, bei der man mit anderen Touristen unterwegs ist und garantiert alle angegebenen Sehenswürdigkeiten in der gebuchten Zeit gesehen haben wird (siehe auch Kapitel 25.2 »Teilnahme an Touren / Gruppenreisen«).

Beim Reisen steht nicht so sehr der Erholungsfaktor im Vordergrund wie beim Urlaub. Es ist nicht so wichtig, dass man in einem schönen, komfortablen Hotel unterkommt und morgens ein volles Frühstücksbuffet vorfindet. Es geht darum, das Land zu erleben, die Gepflogenheiten mitzubekommen, zu probieren, was die Leute essen und trinken.

3.3 Auszeit

Wer sich eine Auszeit nimmt, hat in der Regel zumindest vor, die nächsten Monate nicht nach Hause zu kommen und kann ausgedehnte Reisen unternehmen. Der Faktor Zeit ist zweitrangig. Man kann also auch einmal einige Zeit an einem Ort bleiben, wenn es einem gefällt, eine Pause vom Reisen machen, um z.B. eine Sprache oder eine Sportart zu lernen. Für eine lange Reise lohnt es sich auch, in eine gute Ausrüstung zu investieren oder z.B. ein Auto für die Reise zu kaufen statt zu mieten. Normalerweise hat man vor, nach einer bestimmten Zeit wieder nach Hause zu kommen und das alte Leben wieder aufzugreifen.

3.4 Aussteigen

Dauert die Auszeit zu lange, kann es sein, dass man nicht mehr in das alte Leben zurückfindet und Schwierigkeiten hat, sich wieder an die Geschwindigkeit und den Stress zuhause zu gewöhnen. Vielleicht möchte man das auch gar nicht mehr und hat eine alternative Lebensform gefunden, mit der man besser zurecht kommt.

3.5 Auswandern

Das kann passieren, wenn es einem in einem Land so gut gefällt, dass man dort bleiben möchte. Man sollte sich dann natürlich gründlich informieren, denn zum einen ist es ein Unterschied, ob man irgendwo Urlaub macht oder dort lebt und arbeitet und zum anderen ist es in einem fremden Land meistens nicht leichter, sondern schwieriger als zuhause, da zu den Problemen, die man vielleicht zuhause hatte, noch die

fremde Sprache, andere Kultur, Gepflogenheiten, Behörden-
wege etc. dazukommen. Man ist dann halt Ausländer...!

4 Möglichkeiten

Neben der Finanzierung ist bei der Planung einer Langzeitreise auch die zur Verfügung stehende Zeit ein zentrales Thema. Woher bekomme ich genügend freie Zeit, um eine Langzeitreise zu realisieren? Man muss nicht unbedingt gleich kündigen. Daneben gibt es noch verschiedene andere Möglichkeiten.

4.1 Sabbatical

Unter einem Sabbatical, auch genannt »Sabbatjahr« versteht man die bezahlte Freistellung von der Arbeit, die durch den Arbeitnehmer selbst finanziert wird, also für den Arbeitgeber kostenneutral ist. Dies funktioniert klassischerweise so, dass man z.B. ein halbes Jahr voll arbeitet, aber nur die Hälfte des Gehalts bekommt. Danach hat man ein halbes Jahr frei, ebenfalls mit 50% des Gehalts. Es gibt auch die Möglichkeit, die Phasen anders aufzuteilen, um den Gehaltsverzicht etwas abzufedern (entsprechend länger wird die Ansparphase), z.B. 1 Jahr zu 75% des Gehalts arbeiten und 4 Monate ebenfalls zu 75% des Gehalts frei nehmen.

Welche Varianten möglich sind und ob der Arbeitgeber überhaupt ein Sabbatical gewährt, muss individuell geklärt werden, da es hierauf in Deutschland keinen gesetzlichen Anspruch gibt. Ausnahmen sind der öffentliche Dienst bzw. Lehrer. Lediglich größere Unternehmen werden Regelungen zu Sabbaticals oder gar einen Anspruch darauf z.B. in einer Betriebsvereinbarung festgeschrieben haben. Bei kleineren Arbeitgebern wird man wohl zunächst nicht auf Begeisterung stoßen, zum einen weil man damit eventuell Neuland betritt und z.B. die sozialversicherungsrechtlichen Bestimmungen erst eruiert werden müssen, zum anderen, weil es vielleicht schwierig sein wird, für einen längeren Zeitraum eine Vertretung zu finden. Generell empfiehlt es sich, so viel wie möglich selbst dafür zu tun, dass die Vertretung reibungslos läuft und der Chef möglichst wenig Regelungsaufwand hat. Wenn man nette Kollegen hat, die man in die Reisepläne einweihen kann, sollte man diese auch bereits frühzeitig ansprechen. Hat man auf diese Weise schon eine Vertretungsregelung sichergestellt und präsentiert das seinem Chef im Gespräch, kann man auf seine Frage, wie das Ganze denn bitte funktionieren soll, schon auftrumpfen und ihm den ausgearbeiteten Plan präsentieren. Auf diese Weise kommt man ihm zuvor und er wird vielleicht kein Argument mehr haben, warum er das Sabbatical ablehnen sollte.

Manchmal kann der Wunsch eines Arbeitnehmers nach einem Sabbatical dem Arbeitgeber auch entgegen kommen, etwa wenn die Auftragslage schlecht ist und er durch die Auszeit des Arbeitnehmers Gehaltskosten einsparen kann.

Vorteile

Der Vorteil des Sabbaticals für den Arbeitnehmer ist, dass er die gesamte Zeit über in einem festen Anstellungsverhältnis bleibt, weiterhin monatliche Bezüge erhält und keine Lücke im Lebenslauf hat, die er bei späteren Bewerbungen erklären muss. Will man nicht ganz »Open End« reisen, ist das Sabbatical eine gute Möglichkeit. Ein Argument für den Arbeitgeber ist, dass er somit einen guten Mitarbeiter behalten kann.

Nachteile

Der Nachteil ist, dass man nicht sofort in den Flieger steigen kann, sondern - je nach Dauer der Ansparphase - eine längere

Vorlaufzeit braucht. Außerdem ist man abhängig vom Entgegenkommen des Arbeitgebers.

<u>Sozialversicherung</u>

Die Beiträge zur Renten-, Arbeitslosen-, Kranken- und Pflegeversicherung werden durch den Arbeitgeber sowohl während der Arbeitsphase als auch während der Freistellungsphase wie bisher weiter überwiesen.

<u>Urlaub</u>

Während der Arbeitsphase hat der Arbeitnehmer weiterhin den normalen Urlaubsanspruch. Für die Zeit der Freistellung besteht in der Regel kein Urlaubsanspruch, d.h. der Urlaubsanspruch für das entsprechende Kalenderjahr wird anteilig um die Monate der Freistellung gekürzt.

4.2   Unbezahlter Urlaub

Unter unbezahltem Urlaub versteht man - wie der Name schon sagt - die Freistellung von der Arbeit für einen festgelegten Zeitraum, in dem man keine Bezüge erhält.

<u>Vorteile</u>

Der Vorteil des unbezahlten Urlaubs liegt in erster Linie darin, dass man nach der Rückkehr wieder einen festen Arbeitsplatz hat und dass man - vom Überzeugen des Arbeitgebers abgesehen - keine Vorlaufzeit zum Ansparen des Zeitguthabens wie beim Sabbatical braucht.

Nachteile

Ein Nachteil ist, dass man vorher ein entsprechendes Budget angespart haben muss, von dem man während des unbezahlten Urlaubs leben kann.

Ein weiterer Nachteil kann sein, dass man sich - wenn man nicht gerade eine Weltreise macht und sich ohnehin um eine Krankenversicherung kümmern muss - in Deutschland selbst krankenversichern muss (siehe hierzu auch Kapitel 8.2 »Krankenversicherung endet«). Insofern ist die Variante »unbezahlter Urlaub« für den Arbeitnehmer teurer als die Variante »Sabbatical«. Außerdem ist man wiederum auf den Arbeitgeber angewiesen (Einverständnis mit dem unbezahlten Urlaub, festes Rückkehrdatum).

Sozialversicherung

Währt der unbezahlte Urlaub mindestens einen Kalender-monat, endet die Sozialversicherungspflicht. Man muss sich für die entsprechende Zeit also selbst kranken- und pflege-versichern. Privat Versicherte müssen zusätzlich die Beiträge des Arbeitgebers aufbringen.

Die Zeit des unbezahlten Urlaubs führt außerdem zu einer Lücke in der Rentenversicherung, es sei denn man zahlt freiwillig den Mindestbeitrag nach. Ob das sinnvoll ist, sollte man sich vom Rentenversicherungsträger ausrechnen lassen, denn durch die Zahlung des freiwilligen Mindestbeitrags verlängert sich zwar die Zeit, in der Rentenbeiträge gezahlt wurden, was zunächst einmal zu einer höheren Rente führt. Aber die Höhe der durchschnittlich gezahlten Beiträge sinkt dadurch. Ob die Nachzahlung der freiwilligen Beiträge somit letztendlich ein Vorteil oder ein Nachteil ist, muss individuell abgeklärt werden.

Urlaub

Der unbezahlte Urlaub wird nicht vom normalen Urlaubskonto abgebucht. Der bestehende Urlaubsanspruch darf auch nicht um die Zeit des unbezahlten Urlaubs anteilig gekürzt werden. Dies gilt aber nur, wenn nichts Abweichendes - z.B. in einer Betriebsvereinbarung oder in der vertraglichen Vereinbarung über den unbezahlten Urlaub - geregelt ist.

Arbeitslosigkeit

Die Voraussetzung für den Anspruch auf Arbeitslosengeld ist, dass man innerhalb eines Zeitraums von 2 Jahren ab Beginn der Arbeitslosigkeit mindestens 12 Monate in einem sozialversicherungspflichtigen Beschäftigungsverhältnis gestanden haben muss. Unbezahlter Urlaub zählt nicht als sozialversicherungspflichtige Beschäftigung.

Beantragt man Arbeitslosengeld, schaut sich die Agentur für Arbeit (so heißt das Arbeitsamt heutzutage, im folgenden »Arbeitsagentur« genannt) die letzten 2 Jahre ab Beginn der Arbeitslosigkeit an und prüft, ob in diesem Zeitraum mindestens 12 Monate mit einer sozialversicherungspflichtigen Beschäftigung liegen.

Der unbezahlte Urlaub sollte also nur so lange dauern, dass innerhalb des 2-Jahreszeitraums noch mindestens 12 Monate mit einer Beschäftigung übrig bleiben, sprich der unbezahlte Urlaub sollte nicht länger als 12 Monate dauern. Bei einem unbezahlten Urlaub von mehr als 12 Monaten verliert man seinen Anspruch auf Arbeitslosengeld. Hatte man also beispielsweise 13 Monate unbezahlten Urlaub, verbleiben innerhalb des 2-Jahreszeitraums nur noch 11 Monate und der Anspruch verfällt. Ein Aufbewahren des Anspruchs und Verschieben auf später wie im Falle der Kündigung (siehe Kapitel 4.5 »Kündigung«) ist nicht möglich, da der Anspruch erst einmal entstanden sein muss. Dazu muss man mindestens einen Tag tatsächlich arbeitslos gewesen sein. Dies ist bei unbezahltem Urlaub während eines laufenden Arbeitsverhältnisses nicht möglich.

Bei *bestehendem* Anspruch auf Arbeitslosengeld (wenn also der unbezahlte Urlaub weniger als 12 Monate dauert und innerhalb des 2-Jahreszeitraums noch mindestens 12 Monate mit Beschäftigung übrig bleiben) hat der unbezahlte Urlaub keine negativen Auswirkungen auf die *Höhe* des Arbeitslosengeldes. Die Zeit wird bei der Berechnung nicht berücksichtigt. Die Arbeitsagentur geht innerhalb des 2-Jahreszeitraums einfach auf die letzten 12 Monate mit sozialversicherungspflichtigem Entgelt zurück, d.h. die Höhe des Arbeitslosengelds richtet sich nur danach, was man vor dem unbezahlten Urlaub verdient hat.

4.3   Kombination aus Überstunden und Jahresurlaub

Sofern man die Möglichkeit hat, Jahresurlaub und Überstunden, z.B. auf einem Überstundenkonto, anzusammeln und es außerdem mit dem Einverständnis des Arbeitgebers möglich ist, diese mit entsprechender Ankündigungsfrist am Stück zu nehmen, kann man dadurch eine Auszeit mit voller Gehaltszahlung finanzieren. In der Regel wird es möglich sein, den Resturlaub des Vorjahres bis zum 31. März in das Folgejahr zu übertragen, so dass man die Auszeit im Januar starten kann, in der Zeit von Januar bis Ende März - je nach Höhe des Resturlaubs - diesen nimmt und zusätzlich laufenden Urlaub und Überstunden nimmt. Hat man beispielsweise aus dem alten Jahr noch drei Wochen Resturlaub übrig und 100 Überstunden angespart, kann man zusammen mit dem laufenden Urlaub (z.B. sechs Wochen) knapp drei Monate freinehmen.

Vorteile

Ein Vorteil ist, dass man nach der Rückkehr immer noch einen festen Arbeitsplatz hat und sich keinen neuen Job suchen muss.

Nachteile

Die Zeit nach der Rückkehr könnte hart werden, da man über keinen Urlaub für das laufende Jahr mehr verfügt. Außerdem ist die Zeit, die man sich durch ersparten Urlaub und Überstunden erkaufen kann, begrenzt. Meist wird es nicht möglich sein, Urlaub und Überstunden für eine längere Auszeit von über 6 Monaten anzusparen. Auch hier ist zu berücksichtigen, dass man sich bei dieser Konstruktion auf ein festes Rückkehrdatum festlegen muss.

Sozialversicherung

Da es sich bei diesem Modell um »normalen« Urlaub bzw. Freizeitausgleich handelt, ändert sich an der Sozialversicherung nichts. Die Beiträge zur Renten-, Arbeitslosen-, Kranken- und Pflegeversicherung werden weiterhin durch den Arbeitgeber überwiesen.

Urlaub

Am Urlaubsanspruch ändert sich ebenfalls nichts. Die freie Zeit wurde bereits erdient. Es erfolgt keine Kürzung des Urlaubsanspruchs für die Zeit des Urlaubs / Freizeitausgleichs.

4.4 Elternzeit

Seit Anfang 2007 erhalten Eltern bis zu zwölf Monate lang 67% ihres Nettolohns als Elterngeld, wenn sie sich zuhause um ihr Kind kümmern. Aus den zwölf Monaten können 14 Monate werden, wenn auch der andere Elternteil (in der Regel der Vater) ebenfalls zwei Monate Elternzeit nimmt.

Da es auch möglich ist, diese zusätzlichen zwei Monate gemeinsam zu nehmen, bietet sich dadurch die Option, die Zeit für eine längere Reise zu dritt zu nutzen.

4.5 Kündigung

Die Kündigung des Arbeitsverhältnisses ist auf der einen Seite die einschneidendste und folgenreichste Variante, auf der anderen Seite diejenige, die die größtmögliche Freiheit gewährt. Im Gegensatz zu den vorher beschriebenen Varianten, bei denen man in einem Arbeitsverhältnis bleibt, steht einem bei der Option Kündigung alles offen und man hat nach der Rückkehr die größte Chance, sich beruflich zu verändern.

<u>Vorteile</u>

Weder muss man den Arbeitgeber von seinen Plänen überzeugen und um die Dauer der Freistellung verhandeln, noch muss man sich von vornherein auf ein festes Rückkehrdatum festlegen (lassen). Überlegt man ohnehin, nach der Auszeit etwas anderes zu machen, bietet sich diese Variante an, da man sich in diesem Fall nicht durch die Zusage gegenüber dem Arbeitgeber binden lassen muss.

Nachteile

Da man in der Regel nach der Rückkehr zunächst einmal arbeitslos sein wird, bedeutet dieser Schritt natürlich auch, dass man, sobald man wieder zuhause ist, oder vielleicht auch schon gegen Ende der Reise, unter Druck steht, sich einen neuen Job zu suchen.

Arbeitslosigkeit

Sobald man das Arbeitsverhältnis fristgerecht gekündigt hat, ist es wichtig, dass man sich innerhalb von 3 Tagen als arbeits*suchend* meldet, auch wenn man in Wirklichkeit natürlich gar keine neue Arbeit sucht. Wir haben die Erfahrung gemacht, dass man ganz offen mit den Beratern bei der Arbeitsagentur sprechen und sagen kann, dass man dem deutschen Arbeitsmarkt nur noch bis zum x (Tag der Abreise) zur Verfügung steht und sich dann für eine Zeit y im Ausland aufhalten wird. Man muss dann keine Bewerbungen nachweisen und wird diesbezüglich in Ruhe gelassen.

Arbeitslosmeldung

Kurz vor dem tatsächlichen Ende des Arbeitsverhältnisses, spätestens jedoch am ersten Tag der Beschäftigungslosigkeit muss man sich arbeits*los* melden. Dazu ist ein persönliches Vorsprechen bei der Arbeitsagentur notwendig. Am besten man ruft unter der allgemeinen Hotline an und lässt sich einen Termin geben.

Anspruch auf Arbeitslosengeld hat, wer sich bei der Arbeitsagentur arbeitslos gemeldet und innerhalb der letzten zwei Jahre für mindestens 12 Beschäftigungsmonate Beiträge zur Arbeitslosenversicherung gezahlt hat.

Höhe des Arbeitslosengeldes

Die Höhe des Arbeitslosengeldes errechnet sich aus dem durchschnittlichen Bruttogehalt der letzten 52 Wochen, höchstens aber aus der Beitragsbemessungsgrenze. Davon wird eine Pauschale für Sozialversicherungsbeiträge und Lohnsteuer sowie Solidaritätszuschlag (unter Berücksichtigung der jeweiligen Steuerklasse) abgezogen. Vom so berechneten fiktiven Nettogehalt erhalten Arbeitslose ohne Kinder 60 Prozent, Arbeitslose mit Kindern 67 Prozent.

Die Dauer des Anspruchs auf Arbeitslosengeld hängt vom Lebensalter ab und beträgt zwischen 6 und 24 Monate:

Sozialversicherungs-pflichtige Beschäftigung von mind. ... Monaten	und Vollendung des ... Lebensjahres	Anspruchs-dauer in ... Monaten
12		6
16		8
20		10
24		12
30	50.	15
36	55.	18
48	58.	24

Die Höhe des individuellen Arbeitslosengeldes kann man sich unter folgendem Link selbst ausrechnen:

www.arbeitsagentur.de
➔ Bürgerinnen & Bürger ➔ Arbeitslosigkeit ➔ Arbeitslosengeld ➔ Links ➔ Selbstberechnung Arbeitslosengeld

Sperrfrist und Ruhen

In dem Fragebogen, den man für die Arbeitslosmeldung ausfüllen muss, wird man gefragt, ob man das Arbeitsverhältnis selbst gekündigt hat und aus welchem Grund. Da Fernweh leider in den Augen der Beamten kein unzumutbarer Zustand ist, wegen dem man sein Arbeitsverhältnis kündigen muss, hat man folgerichtig seine Arbeitslosigkeit selbst verschuldet.

Dies führt zu Nachteilen beim Arbeitslosengeld. Bezüglich der Nachteile, die man als Arbeitsloser haben kann, sind grundsätzlich zwei zu unterscheiden: Die Sperrfrist und das Ruhen des Anspruchs.

Eine Sperrfrist bedeutet, dass sich der Anspruch um die betreffende Zeit verkürzt (und zwar zu Beginn des Anspruchs, nicht am Ende). Eine Sperrfrist tritt in der Regel ein, wenn man seine Arbeitslosigkeit selbst verschuldet, also selbst gekündigt hat.

Eine Sperrfrist kann für einen Zeitraum von bis zu 12 Wochen verhängt werden. In den ersten 12 Wochen der Arbeitslosigkeit wird also kein Arbeitslosengeld ausgezahlt und die Gesamtbezugsdauer für das Arbeitslosengeld verkürzt sich um den Zeitraum der Sperrfrist.

Nach Auslaufen der 12-wöchigen Sperrfrist würde man dann normalerweise Arbeitslosengeld erhalten. Da meist der Zeitraum zwischen Ausscheiden aus dem Arbeitsverhältnis (also Beginn der Arbeitslosigkeit) und Abreise weniger als 12 Wochen betragen wird, kommt es aber nicht zur Auszahlung des Arbeitslosengelds. Da man mit der Abreise dem Arbeitsmarkt nicht mehr zur Verfügung steht, besteht kein Anspruch mehr auf Arbeitslosengeld.

Die Sperrfrist wird von der Arbeitsagentur datumsgenau berechnet und in einem Bescheid mitgeteilt. Unabhängig davon, ob man während der Sperrfrist seine Reise antritt, läuft die Sperrfrist zu dem einmal festgelegten Termin ab und wird nicht etwa aufgebraucht, wenn man wieder nach Deutschland zurückkehrt. Somit kann man geschickt die Sperrfrist »umgehen«, wenn man sie in der Zeit »aufbraucht«, in der man ohnehin nicht in Deutschland ist und nicht mit Einkünften gerechnet hätte.

Der zweite Nachteil, den man als Arbeitsloser haben kann, ist das Ruhen des Anspruchs auf Arbeitslosengeld. Zum Ruhen des Anspruchs kann es kommen, wenn man seinen Resturlaub nicht nimmt, sondern ihn sich auszahlen lässt. Dies bewirkt, dass die Zahlung des Arbeitslosengelds ausgesetzt wird, und zwar bis zu dem Tag, bis zu dem das Arbeitsverhältnis bei Urlaubsgewährung in unmittelbarem Anschluss an den letzten Tag des Arbeitsverhältnisses gedauert hätte.

Auch die Zahlung einer Abfindung kann zu einem Ruhen des Arbeitslosengeldanspruchs führen, meist dann, wenn gleichzeitig eine Beendigung des Arbeitsverhältnisses vor Ablauf der ordentlichen Kündigungsfrist vereinbart wird.

Die Zeit, auf die man insgesamt Anspruch auf Arbeitslosengeld hat, wird aber dadurch nicht verkürzt. Ruht das Arbeitslosengeld z.B. für einen Monat, so wird dieser eine Monat an den ursprünglich berechneten Termin, bis zu dem man Arbeitslosengeld erhalten sollte, angehängt.

Dass durch das Ruhen des Anspruchs das Arbeitslosengeld nicht verloren geht, sondern nur nach hinten verschoben wird, ist nur ein schwacher Trost, da man ja hofft, möglichst schnell einen neuen Job zu finden und man somit von dem »Hintendranhängen« nichts hat.

Außerdem werden während des Ruhenszeitraums die Beiträge zur gesetzlichen Kranken- und Pflegeversicherung nicht durch die Arbeitsagentur bezahlt. Bei Pflichtversicherten greift jedoch bei einem Ruhenszeitraum bis zu einem Monat der nachgehende Leistungsanspruch (siehe Punkt »Pflichtversicherte in der Gesetzlichen Krankenkasse« im Kapitel 8.2 »Krankenversicherung endet«).

<u>Rahmenfrist 4 Jahre</u>

Man könnte jetzt meinen, warum soll ich mich für die kurze Zeit arbeitslos melden, ich reise sowieso bald ab und da ich eine Sperrzeit bekommen werde, erhalte ich sowieso kein Arbeitslosengeld. Das stimmt zwar; für die Zeit nach der Rückkehr kann es aber von entscheidender Wichtigkeit sein, dass man vor der Reise arbeitslos gemeldet war, um seine Ansprüche auf Arbeitslosengeld zu erhalten, und zwar dann, wenn man bei der Rückkehr nach der Reise länger als 12 Monate nicht gearbeitet hat.

Liegen zwischen dem Ende des alten Arbeitsverhältnisses und der Rückkehr nach Deutschland nach der Reise (und somit der Meldung bei der Arbeitsagentur) mehr als 12 Monate, würde man seine Ansprüche auf Arbeitslosengeld verlieren, egal wie lange man vorher in seinem Leben schon eingezahlt hat. Denn, wie bereits erwähnt, muss man innerhalb der letzten 2 Jahre mindestens 12 Monate gearbeitet haben. Hört sich sehr ungerecht an, aber es gibt einen kleinen Trick, um das zu vermeiden. Meldet man sich nämlich nach der Kündigung des Arbeitsverhältnisses arbeitslos, auch wenn man gar keine Zahlungen zu erwarten hat, und beantragt dann kurz vor der Abreise die »Aussetzung der Ansprüche auf Arbeitslosengeld«, so wird dadurch die Zahlung des Arbeitslosengeldes, auf das man ja zum Zeitpunkt der Arbeitslosmeldung vor der Reise noch Anspruch hat, einfach auf später verschoben. Ist man nach der Reise wieder in Deutschland, meldet man der Arbeitsagentur, dass man dem Arbeitsmarkt wieder zur Verfügung steht und man braucht den damals erworbenen Anspruch auf Arbeitslosengeld auf. Das Arbeitslosengeld erhält man dann auch sofort, ohne Wartezeit, denn die Sperrfrist ist schon während der Reise abgelaufen.

Die Aussetzung des Arbeitslosengeldes ist innerhalb einer Rahmenfrist von maximal 4 Jahren (gerechnet ab Eintritt der ursprünglichen Arbeitslosigkeit) möglich. Wichtig ist, dass man mindestens 1 Tag tatsächlich arbeitslos gewesen sein muss (auch ohne dass man Arbeitslosengeld erhält). Nur dadurch kann man den Anspruch geltend machen, den man dann auf später verschieben kann. Was also nicht geht, ist, dass man z.B. seinen Job zum 31.7. kündigt, ab dem 15.7. nicht mehr arbeitet, weil man seinen Resturlaub nimmt und am 20.7. in den Flieger steigt. Man kann frühestens am 2.8. fliegen, da man am 1.8. erst einmal einen Tag arbeitslos gewesen sein muss.

Der ursprünglich erworbene Anspruch von z.B. 12 Monaten abzüglich 3 Monate Sperrfrist bleibt für 4 Jahre erhalten und kann somit für eine zweite Arbeitslosigkeit aufgebraucht werden, auch wenn eigentlich kein neuer Anspruch entstehen würde, weil man innerhalb der letzten zwei Jahre nicht mindestens 12 Monate gearbeitet hat. Wenn man also z.B. nach der Rückkehr von der Reise zwar einen Job findet, aber nach kurzer Zeit wieder arbeitslos wird, hat man trotzdem Anspruch auf Arbeitslosengeld, da man den vor der Reise entstandenen Anspruch aufbrauchen kann.

Wer zwischen dem Ende des alten Arbeitsverhältnisses und der Rückkehr nach Deutschland eine Pause von weniger als 12 Monaten hat, muss sich vor der Abreise zwar nicht arbeitslos melden, um seinen Anspruch zu bewahren, da die Anspruchsvoraussetzung von 12 Monaten sozialversicherungspflichtiger Beschäftigung innerhalb der letzten

2 Jahre erfüllt ist. Es empfiehlt sich aber trotzdem, sich arbeitslos zu melden, da der Anspruch, den man nach dem Ende des alten Beschäftigungsverhältnisses erworben hat, i.d.R. länger ist und man dadurch die Sperrfrist in die Zeit der Reise legen kann. Die Sperrfrist ist dann bereits während der Reise abgelaufen und man erhält nach der Rückkehr direkt ab dem ersten Tag Arbeitslosengeld.

Steuern

Das Arbeitslosengeld fällt zwar nicht unter »Einkünfte« im steuerlichen Sinne. Es muss in der Einkommensteuer-erklärung aber dennoch als Lohnersatzleistung in der Anlage N angegeben werden und führt über den sogenannten Progressionsvorbehalt zu einer Erhöhung der Steuerschuld. Progressionsvorbehalt bedeutet, dass die Lohnersatzleistung zwar nicht besteuert wird, für die Berechnung des *Steuersatzes* auf das übrige zu versteuernde Einkommen jedoch berücksichtigt wird. Da der Steuersatz aufgrund der Progression mit dem Einkommen steigt, wird das Einkommen (*ohne* Arbeitslosengeld) mit dem Steuersatz besteuert, der dem Einkommen *mit* Arbeitslosengeld entspricht.

Sozialversicherung

Die Arbeitsagentur zahlt während der Arbeitslosigkeit Beiträge zur *Rentenversicherung* auf Basis von 80% des letzten Bruttoverdienstes. Die Beiträge werden von der Arbeitsagentur alleine übernommen.

Die Zeit der Arbeitslosigkeit (nicht die Zeit, in der man das Arbeitslosengeld ausgesetzt hat) führt nicht zu einer Lücke bei der Rentenversicherung. Die Rente fällt aufgrund der Begrenzung auf 80% des letzten Einkommens durch die Arbeitslosigkeit aber geringer aus, als wenn weiter der vorherigen Beschäftigung nachgegangen worden wäre. Das heißt: Sowohl Arbeitslosigkeit als auch die Zeit des ausgesetzten Anspruchs während der Reise reduzieren in jedem Fall die Altersrente.

Die Beiträge zur *Krankenversicherung* werden ab dem zweiten Monat der Arbeitslosigkeit – auch während der Sperrfrist - von der Arbeitsagentur übernommen. Nähere Informationen, auch zur privaten Krankenversicherung, siehe Kapitel 8 »Krankenversicherung in Deutschland«.

5 Risiken

Wie bereits eingangs beschrieben, birgt die Entscheidung, für eine gewisse Zeit eine Auszeit zu nehmen und einen neuen Weg einzuschlagen, einige Risiken. Nachfolgend einige Beispiele:

Man hat die Wohnung aufgegeben und findet nicht wieder so eine schöne oder günstige Wohnung, wie man vorher hatte. Entscheidet man sich dafür, die Wohnung unterzuvermieten, weiß man nicht, in welchem Zustand man sie wieder vorfindet.

Man hat einen gutbezahlten Job mit netten Kollegen gekündigt und kommt genau während der Wirtschaftskrise zurück, wenn die Arbeitgeber nicht gerade darauf warten, jemanden, der ein Jahr aus dem Arbeitsleben war, einzustellen.

Vielleicht wird man für einige Zeit nicht den gleichen Lebensstandard haben wie vorher.

Man kann während der Reise krank werden oder einen Unfall haben.

Man kann ausgeraubt werden (siehe auch Kapitel 19 »Sicherheit«).

Die Beziehung übersteht die Reise nicht.

Man verändert sich.

Abgesehen von dem finanziellen Aspekt und gegebenenfalls der Wohnsituation ist in meinen Augen das größte Risiko, wenn man es so nennen will, dass man sich verändert und vielleicht mit Dingen oder Personen, mit denen man sich vorher umgeben hat, nichts mehr anfangen kann, andere Sichtweisen bekommen hat oder seinen Lebensweg anders gestalten möchte als vorher.

Sicherlich können einem all diese Dinge auch zuhause passieren. Das soll nicht heißen, dass man die Gedanken über die Risiken einer solchen Entscheidung einfach beiseite schieben soll. Jeder muss für sich selbst entscheiden, wie er im schlimmsten Fall damit zurecht käme. Mag sein, dass unter diesem Aspekt die eine oder andere Reise nicht angetreten wird. Kennt man jedoch die Risiken und entscheidet sich dennoch für die Reise, so tut man dies ganz bewusst und wird es hinterher wahrscheinlich auch nicht bereuen.

6 Finanzierung

Es soll Leute geben, die ohne einen Cent in der Tasche ins Flugzeug steigen und es tatsächlich schaffen, ohne größere finanzielle Mittel so eine Reise zu bestreiten. Gearbeitet wird dann unterwegs. In der Regel wird man aber vor Reiseantritt das Budget beisammen haben wollen.

Viele wollen natürlich wissen, wie viel man für solch eine Reise einkalkulieren muss. Zunächst einmal muss man dazu sagen, dass man nicht die Kosten einer vierwöchigen Urlaubsreise mit der Anzahl der Monate multiplizieren darf, die man unterwegs sein möchte und dann die Kosten für eine Langzeitreise hat. Zum einen gibt es hohe Einmalkosten, z.B. die Flüge, die sich auf die gesamte Dauer verteilen. Zum anderen versucht man billiger zu leben, indem man auf Campingplätzen oder in Backpacker Hostels anstatt in Hotels übernachtet, ein Auto kauft statt mietet, sich selbst verpflegt statt essen geht usw..

Es geht nicht so sehr darum, sich etwas zu gönnen, wie das im Urlaub eher mal der Fall ist, sondern in der Regel, mit dem Ersparten möglichst lange auszukommen und da verzichtet man gerne auf ein bisschen Luxus.

Man kann dann auch ganz nebenbei die interessante Erfahrung machen, mit wie wenig man auskommt. Das kann unheimlich befreiend sein, weil sich einem damit alle Möglichkeiten eröffnen. Wer beim Reisen hohe Ansprüche hat, die Toilette nicht mit anderen teilen will und sich nicht vorstellen kann, auf wenigen Quadratmetern im Camper zu schlafen, dem bleiben einfach weniger Optionen übrig. Wer kein Problem hat, auf Luxus zu verzichten, wird das als Bereicherung empfinden, weil er in der Natur übernachten kann, auch wenn es dort kein Hotel gibt und weil ihm mehr Möglichkeiten zu Verfügung stehen, Einheimische kennenzulernen, denen er im Fünf-Sterne-Hotel nur als Angestellte begegnet.

Wer sich das Fünf-Sterne-Hotel für den Erholungsurlaub aufspart und Unterkunft und Transportmittel wählen kann, ohne auf die eigenen Bedürfnisse Rücksicht nehmen zu müssen, hat mehr Chancen, etwas über das Leben und den Alltag in einem Land zu erfahren.

Wie viel eine Reise kostet, hängt natürlich auch sehr davon ab, in welche Länder man reisen möchte. Verbringt man seine Zeit überwiegend z.B. in Asien, wird man Mühe haben, überhaupt den gleichen Betrag auszugeben, den man in Deutschland für das normale Leben aufbringen muss.

Trotzdem sollte man sich vorher erkundigen, wie teuer die Länder, die man bereisen möchte, sind und für sich entscheiden, wie viel »Luxus« man haben möchte. Man sollte sich ehrlich überlegen, wie viel man selbst pro Tag braucht und auf welche Dinge man nicht verzichten will, z.B. Rauchen, Einzelzimmer usw..

Bei der Berechnung des Budgets muss man berücksichtigen, dass man eventuell während der Reise keine Einkünfte hat und dann zu 100% auf Erspartes zurückgreifen muss. Allerdings handelt es sich bei den Kosten für die Reise nicht nur um zusätzliche Kosten, sondern teilweise um die normalen Lebenshaltungskosten wie Essen, Übernachten, Transport, die man zuhause auch hätte. Diese schlagen mit Miete, Auto, Versicherungen und Hobby in Deutschland oft stärker zu Buche als auf Reisen. Fährt man »normal« in Urlaub, laufen diese Kosten zuhause weiter und der Urlaub muss zusätzlich finanziert werden. Während einer Langzeitreise reduziert man die Kosten zuhause jedoch auf cin Minimum, so dass es hier zumindest einen kleinen Ausgleich gibt.

Je nachdem, ob man alleine oder zu zweit verreist, kann das Budget auch sehr unterschiedlich sein. Zu zweit kann man sich die Kosten für das Zimmer und das Auto teilen. Als Alleinreisender muss man natürlich alle Kosten alleine tragen.

Bei der Reiseplanung sollte man überschlagen, wie viel Budget man bis zum Start ansparen kann und danach die Reisedauer und -route ausrichten oder umgekehrt, bis wann man das benötigte Budget erspart hat, um die festgelegte Reise durchzuführen. Dabei ist es wichtig, immer einen Puffer für unvorhergesehene Vorkommnisse einzuplanen (Krankheiten, Diebstahl, höhere Kosten als erwartet, Routenänderung etc.).

Sobald die Entscheidung für die Reise und den Zeitraum gefallen ist, sollte man versuchen, so schnell wie möglich die Kostenseite zu reduzieren.

6.1 Sparen, Kosten reduzieren

Sparen bedeutet im Prinzip: Weniger ausgeben als man einnimmt und das kann bedeuten, sich in Freizeitaktivitäten einzuschränken, nicht mehr so oft neue Klamotten zu kaufen (die kann man sowieso nicht mitnehmen) und wo es geht die laufenden Kosten zu reduzieren (z.B. Mitgliedschaften, Abos zu kündigen). Vielleicht richtet man bei entsprechend langfristiger Planung auch seine Wohnsituation schon darauf aus, möglichst günstig zu wohnen.

Alle Einnahmen und Ausgaben aufzuschreiben kann bei einer solchen Planung sehr hilfreich sein. In Kapitel 6.6 ist eine Kalkulationshilfe zum Erfassen der Einnahmen und Ausgaben aufgeführt. Auch das Überprüfen von Versicherungspolicen auf Notwendigkeit und mögliche Ersparnisse durch Versicherungswechsel kann die Sparbemühungen unterstützen. Generell sollte man jeden Ausgabenposten auf den Prüfstand stellen. Unsere Erfahrung hat gezeigt, dass hier viel Einsparpotenzial besteht.

6.2 Einnahmen erhöhen

Die Einnahmen kann man beispielsweise durch zusätzliche bezahlte Überstunden erhöhen. Oder aber man durchforstet die Tiefen seiner Schränke und seines Kellers und bietet alles, was nicht mehr benötigt wird und sich gut zum Verkauf eignet, auf einem Flohmarkt oder bei ebay an. Bei uns sind dadurch mehrere hundert Euro zusätzlich in die Kasse geflossen.

Falls es sich lohnt, kann man auch überlegen, sein Auto zu verkaufen. Allerdings nur, wenn man danach nicht sowieso wieder ein Auto braucht. In dem Fall sollte man sich überlegen, ob man den Verkaufserlös wirklich zur Finanzierung der Reise braucht oder ob das Auto nicht besser abgemeldet werden sollte, denn für das, was man durch den Verkauf erhält, kann man sich in der Regel nach der Rückkehr nicht das gleiche Auto wieder kaufen.

Auch wenn man seine Wohnung nicht aufgeben möchte, kann es sinnvoll sein, sich von einigen Dingen zu trennen, und zwar erst recht wenn man seine Möbel einlagern muss. Zum einen befreit man sich mit Dingen, die jahrelang ungenutzt im Keller lagen, von unnötigem Ballast und zum anderen kann man mit den Einnahmen einen Teil der Reise finanzieren. Gibt man seine Wohnung auf, ist es umso wichtiger, nicht mehr benötigte Gegenstände loszuwerden, damit man sie nicht beim Umzug tragen muss und dafür Lagergebühren zahlen muss. Zum Verkaufen bieten sich ebay, Flohmärkte oder Kleinanzeigen in der Zeitung oder im Internet an. Auch Garagenverkäufe (»Home Sales«) sind eine gute Möglichkeit.

6.3 Steuerrückzahlung

Bei unterjährigem Beginn oder Ende der Reise kann man davon ausgehen, dass man in den jeweiligen Jahren eine Steuerrückzahlung erhält, da man nicht das volle Jahr gearbeitet hat. Mit diesem Geld sollte man zwar nicht rechnen (zumal man es erst nachträglich erhält), über den Geldregen kann man sich aber trotzdem freuen.

6.4 Unterwegs arbeiten

Grundsätzlich ist es für Deutsche nicht möglich, ohne eine Arbeitserlaubnis in einem Land außerhalb der EU legal zu arbeiten. In vielen Ländern ist die Arbeitslosigkeit auch so hoch, dass Ausländer sowieso nur schwer Arbeit finden.

Es gibt für junge Leute Ausnahmen, beispielsweise kann man, wenn man zwischen 18 und 30 ist, ein »Working Holiday Visa« für Australien beantragen. Informationen gibt es unter

http://www.immi.gov.au/
➔ Visas, Immigration and Refugees ➔ Visitors ➔ Working Holiday

Es gibt Organisationen, die speziell darauf abgestimmte Programme anbieten. Sie helfen, den Aufenthalt zu organisieren und können bei der Jobsuche unterstützen.

Allerdings muss man sich darüber im Klaren sein, dass man von so einer Tätigkeit nicht reich wird. Hier geht es mehr darum, sich ein paar zusätzliche Dollar für die Reise zu verdienen und mit Gleichgesinnten zusammenzukommen. Das Arbeiten sollte man eher als Abenteuer und Erfahrung sehen. Luxus darf man auch keinen erwarten. Meist handelt es sich um Jobs auf Farmen, in der Regel als Erntehelfer (»Fruit Picking«). Das ist harte Arbeit und die Unterkünfte sind meist alles andere als komfortabel. Aber das erwartet ja auch wahrscheinlich niemand.

Wem es wirklich ums Geldverdienen geht, der arbeitet also besser vorher in Deutschland ein bisschen mehr und spart für die Reise. Da bekommt man in der Regel mehr Geld pro Stunde.

6.5   Unsere Ausgaben pro Reiseland

Welche Ausgaben wir vor Ort tatsächlich hatten, ist nachfolgend aufgeführt. Die Angaben beziehen sich auf 2 Personen und umfassen Übernachtung, Verpflegung, Transport, Sightseeing etc. ohne Sonderkosten wie Auto-Totalschaden, Diebstahl, Sprachkurs, Kitesurfing-Kurs, Galápagos-Trip. Mögliche Einsparmöglichkeiten und besonders teure Ausflüge sind unter den jeweiligen Ländern aufgeführt.

Australien

tatsächliche Ausgaben:
122 € pro Tag für 2 Personen

Wie sind wir gereist?
-   Transport: mit eigenem / gemietetem Fahrzeug
-   Übernachtung fast ausschließlich auf Campingplätzen (Einsparmöglichkeit: wild campen), selten in Hostels

(Doppelzimmer mit Shared Bathroom - Einsparmöglichkeit: Dorm)
- 2 teure Touren (Fähre Tasmanien: 496 €, Fähre Kangaroo Island 199 €)

Guatemala

tatsächliche Ausgaben:
59 € pro Tag für 2 Personen

Wie sind wir gereist?
- Übernachtung in Guesthäusern / Hostels in Doppelzimmern mit eigenem / geteiltem Badezimmer (Einsparmöglichkeit: Dorm, Homestay)
- Verpflegung: Homestay, Restaurants (Einsparmöglichkeiten: selber kochen im Hostel)

Belize

Ausgaben:
132 € pro Tag für 2 Personen

Mexiko

tatsächliche Ausgaben:
73 € pro Tag für 2 Personen

Wie sind wir gereist?
- Übernachtung in Guesthäusern / Hostels in Doppelzimmern mit eigenem Badezimmer (Einsparmöglichkeit: Dorm / geteiltes Badezimmer)
- Verpflegung: Restaurants, Straßenstände (Einsparmöglichkeiten: selber kochen im Hostel)

Dominikanische Republik

tatsächliche Ausgaben:
78 € pro Tag für 2 Personen

- 2 Wochen Übernachtung im All Inclusive Hotel, im Kite-Camp und in einem Guesthouse in Doppelzimmern mit eigenem Badezimmer (Einsparmöglichkeit: Dorm / geteiltes Badezimmer)
- Verpflegung: All Inclusive Hotel, Verpflegung im Kite-Camp, Restaurants

USA

Ausgaben:
228 € pro Tag für 2 Personen

- 3 Freizeitparks und 1 Show besucht

Jamaika

Ausgaben:
89 € pro Tag für 2 Personen

- Übernachtung in Guesthäusern in Doppelzimmern mit eigenem Badezimmer (Einsparmöglichkeit: evtl. geteiltes Badezimmer)

Ecuador

tatsächliche Ausgaben:
95 € pro Tag für 2 Personen

- Übernachtung in Hostels in Doppelzimmern mit eigenem Badezimmer (Einsparmöglichkeit: Dorm / geteiltes Badezimmer), im Dschungel in Hütten mit eigenem Badezimmer
- Verpflegung: Restaurants, Straßenstände, Abendessen im Hostel, Vollpension im Dschungel (Einsparmöglichkeiten: selber kochen im Hostel)
- 4 Tage Dschungel-Tour

Informationen zu den Tagesbudgets für andere Länder siehe Kapitel 22»Zusammenstellung der Route«.

6.6   Kalkulationshilfe

	Ausgaben	Einnahmen
I. Laufende Ausgaben / Einnahmen	• Lebenshaltungskosten (Tagesbudget pro Land x geplante Tage pro Land) • Flüge • monatliche Kosten für Miete, Versicherungen und Lager x Anzahl Monate	monatliches Nettogehalt, monatliche Mieteinnahmen aus Untervermietung und sonstige monatliche Einkünfte (aus Vermietung, Zinsen) x Anzahl Monate
	Summe I = laufende Kosten	**Summe I = laufende Einnahmen**

II. Einmalige Ausgaben / Einnahmen	• Umzugskosten (Umzugshelfer / Spedition, Verpackungs- material, Umzugskartons, Nachsende- auftrag) • Impfungen, Medikamente (Malaria, Seekrankheit etc.) • Ausrüstung, Reiseführer, Kartenmaterial, Wörterbuch, Elektronik (Netbook, Kamera, MP3- Player etc.) • Dokumente (Visum, Pass, Internationaler Führerschein)	• Steuerrück- zahlung (nicht für die Finanzierung der Reise berücksichtigen, da erst später eingeht) • Verkauf des Autos • Gespartes
	Summe II = Einmalkosten	**Summe II = einmalige Einnahmen**
	Summe I + Summe II = Gesamtbedarf	**Summe I + Summe II = zur Verfügung stehendes Budget**
	Differenz = Fehlbetrag	

7 Reisedauer

Wie lange man verreisen möchte, ist natürlich eine ganz persönliche Entscheidung. Von der Dauer der Reise hängen aber auch die Entscheidungen für die Vorbereitung ab. Grundsätzlich lässt sich sagen, dass der organisatorische Aufwand sowohl zuhause als auch für die Reise selbst größer ist, je länger sie dauert. Bei vielen Dingen, die man für oder während der Reise regeln muss, gibt es eine zeitliche Grenze von 12 Monaten (Round-the-World-Ticket, Arbeitsagentur, Kfz-Zulassung, Kfz-Versicherung, Bonus für Zahnarztbesuche). Dies sollte man bei der Planung berücksichtigen.

7.1 3-4 Monate oder weniger

Organisatorischer Aufwand zuhause

Wer nur drei Monate verreisen möchte, wird wohl kaum seinen Job kündigen und seine Wohnung aufgeben. Diese Reisedauer lässt sich noch sehr gut mit einem Sabbatical, aufgespartem Resturlaub / Überstunden oder unbezahltem Urlaub regeln und der organisatorische Aufwand ist recht gering, da man in der Regel alles weiterlaufen lassen wird (Wohnung, Auto, Versicherungen). Vielleicht bekommt man in dieser Zeit sogar noch sein Gehalt weiterbezahlt.

Kündigt man dennoch seinen Job, sollte man sich vor der Abreise arbeitslos melden, sofern man vorher durchgehend gearbeitet hat, um den Höchstanspruch zu behalten und um die Sperrfrist in die Zeit der Abwesenheit zu »verlegen«.

Einreisebestimmungen

In den meisten Ländern kann man sich drei Monate mit einem Touristenvisum aufhalten, so dass einem die Beantragung eines regulären Visum erspart bleibt.

Ticket

Bei der relativ kurzen Reisedauer empfiehlt es sich, die Flüge - zumindest den Hin- und Rückflug nach Deutschland - im voraus zu buchen. Somit muss man unterwegs nicht so viel Zeit in die Planung der Weiterreise investieren und hat kein Problem mit Ländern, die ein Rückflugtickt verlangen.

Fortbewegungsmittel

Für Australien lohnt es sich, bei einer Reisedauer von 3-4 Monaten ein Auto zu kaufen. Natürlich bedeutet das aber auch mehr Stress und Zeitverlust durch Kauf, Verkauf und Werkstattbesuche. Insofern empfiehlt es sich, zuerst die Miet-wagenpreise zu vergleichen und dann gegenüber einem Kauf abzuwägen. Man kann in Australien bei einer Mietdauer von 3 Monaten schon für ca. 50 Euro am Tag ein Wohnmobil mieten. Allerdings summiert sich das bei 3 Monaten auch auf 4.500 Euro und ist somit wohl teurer, als einen Camper zu kaufen, auch wenn man ihn mit Verlust verkauft und noch Reparaturkosten hat. Hat man allerdings Pech mit dem gekauften Auto, wird man es vielleicht bereuen, nicht ein Auto gemietet zu haben. Letztendlich spielt bei der Frage Auto kaufen oder mieten nicht nur das Geld eine Rolle. Ein Auto in einem fremden Land zu kaufen und zu verkaufen, erfordert gute Vorbereitung, Zeit und Nerven. Entspannter ist es jedenfalls mit einem Mietwagen und jeder muss selbst entscheiden, ob er es eher als Stress oder als Herausforderung empfindet.

In Ländern, die sich gut mit öffentlichen Verkehrsmitteln oder im Rahmen von Touren bereisen lassen (oder in denen ein Autokauf als Ausländer nicht so einfach möglich ist) sollte dies natürlich, unabhängig von der Reisedauer, die bevorzugte Fortbewegungsart sein.

7.2   zwischen 3-4 Monaten und 1 Jahr

Organisatorischer Aufwand zuhause

Bei dieser Reisedauer lohnt es sich, die laufenden Kosten zuhause so weit wie möglich zu reduzieren, also die Wohnung aufzugeben oder unterzuvermieten, das Auto abzumelden sowie Versicherungen und Mitgliedschaften zu kündigen.

Es versteht sich auch von selbst, dass man für eine Reise von dieser Dauer etwas angespart haben muss.

Je nachdem, in welche Zeit des Jahres die Reise fällt, braucht man eventuell jemanden, der zuhause die Steuererklärung erstellt.

Auch könnte es schwierig werden, für diese Zeit vom Arbeitgeber freigestellt zu werden, so dass man eine Kündigung in Betracht ziehen muss. Kündigt man seinen Job, sollte man sich vor der Abreise arbeitslos melden, sofern man vorher durchgehend gearbeitet hat, um den Höchstanspruch zu behalten.

Einreisebestimmungen

Möchte man länger als drei Monate in einem Land bleiben, ist dafür meist ein Visum erforderlich.

Ticket

Für diese mittlere Reisedauer bieten sich alle Varianten an: Vorbuchung der Flüge im Rahmen eines Round-the-World-Tickets, Tickets individuell zusammenstellen oder Fliegen mit One-Way-Tickets.

Fortbewegungsmittel

Ein Auto für ein Jahr zu mieten wird sich wohl niemand leisten wollen, daher spricht hier viel für einen Kauf und für diese lange Dauer kann man ja auch ein wenig mehr investieren in der Hoffnung, man hat nicht allzu viel Ärger mit dem Auto. Auch die Verschiffung des eigenen Fahrzeugs würde sich bei dieser Dauer lohnen. In Ländern, die sich gut mit öffentlichen Verkehrsmitteln oder im Rahmen von Touren bereisen lassen (oder in denen ein Autokauf als Ausländer nicht so einfach möglich ist) sind dies natürlich wie immer unabhängig von der Reisedauer die bevorzugten Transportmittel.

7.3   länger als 1 Jahr

Grundsätzlich lässt sich sagen, dass 12 Monate in vielen Bereichen eine Grenze darstellen, ab der die Organisation der Reise (und der Abwesenheit von zuhause) komplizierter wird.

Organisatorischer Aufwand zuhause

Bei einer geplanten Reisedauer von einem Jahr oder länger muss man davon ausgehen, dass man die Wohnung aufgeben (oder untervermieten) und den Job kündigen muss.

Man braucht zuhause jemanden, der die Steuererklärung erstellt.

Man verliert den Bonus-Anspruch beim Zahnarzt, wenn man nicht mindestens einmal pro Kalenderjahr eine Vorsorgeuntersuchung nachweisen kann. Man kann allerdings versuchen, im Ausland zum Zahnarzt zu gehen und einen Stempel in das Bonusheft zu bekommen.

Wenn man sein Auto vorübergehend abmeldet, wird das Kennzeichen nach einem Jahr freigegeben, d.h. man bekommt dann beim Wiederanmelden ein neues Kennzeichen und muss neue Schilder kaufen (siehe Kapitel 14.2 »Auto abmelden«).

Damit man nach der Rückkehr Anspruch auf Arbeitslosengeld hat, muss man sich vor der Abreise unbedingt arbeitslos melden und vor der Abreise beantragen, dass der Anspruch ausgesetzt wird.

Einreisebestimmungen

Möchte man länger als drei Monate in einem Land bleiben, muss man dafür meist ein Visum beantragen.

Ticket

Die meisten, wenn nicht gar alle Round-the-World-Tickets sind auf ein Jahr begrenzt und scheiden daher bei einer so langen Reise aus. Die Frage ist auch, ob es in diesem Fall Sinn macht, alle Stationen bereits im Vorfeld zu buchen. Insofern bietet es sich hier an, mit One-Way-Tickets zu fliegen.

Fortbewegungsmittel

Ganz klar: Je länger man unterwegs ist, desto mehr lohnen sich der Kauf eines Fahrzeugs oder die Mitnahme / Verschiffung des eigenen Fahrzeugs gegenüber der Miete. In Ländern, die sich gut mit öffentlichen Verkehrsmitteln oder im Rahmen von Touren bereisen lassen (oder in denen ein Autokauf als Ausländer nicht so einfach möglich ist) sind dies unabhängig von der geplanten Reisedauer die bevorzugten Transportmittel.

Natürlich hängt die Wahl des Fortbewegungsmittels bzw. die Entscheidung für ein eigenes Auto auch davon ab, wie viele Ziele man bereisen möchte, wie lange man an einem Ort bleibt und ob Flugstrecken zu überbrücken sind. Kann man ohne eigenes Auto oder mit einem gemieteten Auto zwischendurch auch mal Strecken per Flugzeug zurücklegen, so ist dies mit einem eigenen Fahrzeug nicht möglich.

II.

Reiseplanung

8 Krankenversicherung in Deutschland

Je nachdem, was man mit seinem Arbeitsverhältnis gemacht hat und wie man vorher versichert war, gibt es verschiedene Konstellationen bei der Krankenversicherung zu beachten.

8.1 Krankenversicherung läuft weiter

Dies ist der Fall bei einem Sabbatical und bei der Freistellung durch Urlaub und/oder Überstunden. Hält man sich während der Auszeit in Deutschland auf, ist weiter nichts zu beachten. Die Beiträge zur Sozialversicherung werden wie gewohnt durch den Arbeitgeber abgeführt und man ist versichert. Hat man vor, sich im Ausland aufzuhalten, gibt es drei Möglichkeiten, was den Krankenversicherungsschutz im Ausland angeht

Man verzichtet auf zusätzlichen Krankenversicherungsschutz im Ausland und lässt sich angefallene Kosten (bzw. den Anteil daran, den die gesetzliche Krankenkasse übernimmt) nachträglich erstatten. Evtl. die günstigste Variante für privat Versicherte, die ohnehin einen Auslandsschutz versichert haben.

Man hofft, dass man alle Krankheiten und Unfälle innerhalb von 6 Wochen innerhalb der Reise bekommt, dann kann man eine Auslandsversicherung für Urlaubsreisen bis zu 6 Wochen im Jahr in Anspruch nehmen, die es schon für weniger als 20 Euro pro Jahr gibt. Es versteht sich von selbst, dass man diese Variante kaum empfehlen kann, zumal fraglich ist, ob die Versicherung zahlt, wenn sie erfährt, dass man insgesamt mehr als 6 Wochen unterwegs ist.

Die dritte und empfehlenswerte Variante ist, eine Krankenversicherung für Langzeitreisende abzuschließen (siehe Kapitel 9 »Krankenversicherung im Ausland«).

8.2 Krankenversicherung endet

Bei unbezahltem Urlaub und Kündigung des Arbeitsverhältnisses endet die Krankenversicherung in Deutschland.

Pflichtversicherte in der gesetzlichen Krankenkasse:

Während des ersten Monats des unbezahlten Urlaubs bzw. der Arbeitslosigkeit besteht ein nachgehender Leistungsanspruch durch die gesetzliche Krankenkasse (GKV), d.h. Pflichtversicherte haben Anspruch auf Leistungen aus der Krankenversicherung, ohne dass Beiträge gezahlt werden müssen.

Hat man unbezahlten Urlaub, muss man die Beiträge zur Kranken- und Pflegeversicherung ab dem zweiten Monat selbst bezahlen (Arbeitgeber- und Arbeitnehmeranteil). Da man in der Zeit kein Einkommen hat, berechnet sich der Beitrag aus einem fiktiven Mindesteinkommen, das in der Satzung der jeweiligen Krankenkasse festgelegt ist und ca. 140,00 Euro pro Monat beträgt. Dies gilt jedoch nur für den Fall, dass man sich noch in Deutschland aufhält. Für die Zeit des Aufenthalts im Ausland ist keine Versicherung in Deutschland mehr nötig, sondern nur noch eine Versicherung für das Ausland, siehe Kapitel 9 »Krankenversicherung im Ausland«.

In der Rentenversicherung entsteht durch die Zeit des unbezahlten Urlaubs eine Lücke bei den Rentenzeiten. Es gibt die Möglichkeit, freiwillig Mindestbeiträge nachzuzahlen. Dadurch wird die Lücke in der Beitragszahlung geschlossen. Allerdings reduziert sich dadurch auch die Höhe der durchschnittlich eingezahlten Beiträge. Welche konkreten Auswirkungen dies auf die spätere Höhe der gesetzlichen Rente hat, kann mit der Deutschen Rentenversicherung geklärt werden.

Ist man arbeitslos, werden die Beiträge zur Kranken- und Pflegeversicherung ab dem 2. Monat durch die Arbeitsagentur bezahlt, auch während der Sperrfrist. Die Zeit der Arbeitslosigkeit zählt bei den Zeiten für die Rentenberechnung mit. Mit der Abmeldung beim Arbeitsamt wegen Beginn der Reise endet auch die Krankenversicherung in Deutschland und die Versicherung für das Ausland muss nahtlos greifen. Ab jetzt beginnt auch die Lücke in der Rentenversicherung.

Freiwillig Versicherte in der GKV

Der vorher erwähnte nachgehende Leistungsanspruch gilt nur für Pflichtversicherte. Freiwillig Versicherte müssen den Kranken- und Pflegeversicherungsbeitrag ab dem ersten Monat des unbezahlten Urlaubs selbst bezahlen; bei Arbeitslosigkeit übernimmt die Arbeitsagentur ab dem 2. Monat die Beiträge.

Eine Anwartschaftsversicherung (die Zusage, dass die Krankenkasse einen nach der Rückkehr wieder aufnimmt) ist nicht erforderlich (siehe dazu auch Punkt »Anwartschaft« weiter hinten in diesem Kapitel). Gesetzliche Krankenkassen dürfen niemanden ablehnen, da seit der Gesundheitsreform vom 1.4.2007 niemand mehr ohne Krankenversicherung sein darf.

Solange man arbeitslos gemeldet ist, zählen die Zeiten für die Rentenberechnung mit, ab der Abmeldung bei der Arbeitsagentur beginnt die Rentenlücke.

Nach Rückkehr von der Reise und Arbeitslosmeldung wird man über die Arbeitsagentur wieder bei der gesetzlichen Kasse versichert. Nimmt man danach wieder einen Job auf, so wird man vom Arbeitgeber allerdings als Pflichtversicherter angemeldet. Für eine freiwillige Krankenversicherung muss man in den letzten 12 Monaten ein Gehalt über der Beitragsbemessungsgrenze (BBG) gehabt haben, d.h. eine freiwillige Mitgliedschaft (oder Wechsel in die private Krankenversicherung) kommt erst wieder nach einem Jahr in Betracht. Von den Beiträgen her macht es keinen Unterschied, ob man pflicht- oder freiwillig versichert ist, sofern man über der BBG liegt.

Privat Versicherte

Einen nachgehenden Leistungsanspruch wie in der GKV gibt es für privat Versicherte nicht. Die Arbeitnehmer- und Arbeitgeberanteile zur privaten Krankenversicherung (PKV) müssen bei unbezahltem Urlaub ab dem 1. Monat selbst getragen werden.

Wenn privat Versicherte arbeitslos werden, werden sie grundsätzlich versicherungspflichtig in der GKV. Insofern kann die Arbeitslosigkeit dazu genutzt werden, dauerhaft in die GKV zurückzukehren und die private Versicherung zu kündigen. Eine Rückkehr in die gesetzliche Krankenversicherung ist für privat Versicherte im Falle der Arbeitslosigkeit allerdings nur möglich, solange sie noch nicht 55 Jahre alt sind. Danach gibt es keine Rückkehrmöglichkeit mehr.

Arbeitslose, die während der letzten fünf Jahre vor der Arbeitslosigkeit privat versichert waren, können sich auf Antrag von der Pflichtversicherung in der GKV befreien lassen und trotz Arbeitslosigkeit in der PKV bleiben. Die Arbeitsagentur übernimmt dann die Beiträge zur privaten Krankenversicherung bis zu der Höhe, die sie auch bei einer

Pflichtmitgliedschaft in der GKV zu tragen hätte, allerdings nur für den privat versicherten Arbeitslosen, nicht aber für seine Kinder oder den Ehepartner.

Die Befreiung von der Pflichtversicherung in der GKV muss spätestens drei Monate nach Beginn der Arbeitslosigkeit bei einer gesetzlichen Krankenkasse beantragt werden.

Bezüglich der Rentenversicherung gilt für privat Krankenversicherte das Gleiche wie für gesetzlich Versicherte.

Versicherungsschutz bei Rückkehr

War man vor der Abreise arbeitslos, genügt die umgehende (persönliche) Meldung bei der Arbeitsagentur, dass man dem Arbeitsmarkt wieder zur Verfügung steht. Ab diesem Zeitpunkt ist man offiziell wieder arbeitslos und somit krankenversichert. Da es zwischen der Ankunft in Deutschland und der Meldung bei der Arbeitsagentur eine kurze zeitliche Lücke geben kann, in der man sich theoretisch das Bein brechen kann oder es die Möglichkeit gibt, dass man krank aus dem Ausland zurück kommt (Krankenrücktransport) und man sich nicht arbeitslos melden kann, sollte man diese Fälle mit seiner Krankenkasse besprechen und sich schriftlich bestätigen lassen, dass man für diese Fälle versichert wäre.

Zusätzlich gibt es die Möglichkeit, eine Auslandskrankenversicherung mit entsprechendem vorübergehendem Schutz für einen Aufenthalt in Deutschland auszuwählen (siehe Kapitel 9 »Krankenversicherung im Ausland«). Dieser kann auch nützlich sein, wenn man während der Reise doch mal nach Hause kommen muss.

Für die Abklärung des Versicherungsschutzes in Deutschland verfasste ich folgendes Schreiben an meine gesetzliche Krankenkasse:

»Ich bin derzeit im Rahmen eines Arbeitsverhältnisses freiwillig bei Ihrer Krankenkasse versichert. Mein Beschäftigungsverhältnis endet zum 31.7.2009. Ab 1.8.2009 werde ich arbeitslos sein. Ab Oktober 2009 werde ich mich für ca. 1 Jahr im Ausland aufhalten. Für die Zeit zwischen 1.8.2009 und Oktober 2009 werde ich über das Arbeitsamt versichert sein. Für die Zeit meines Auslandsaufenthalts werde ich eine Auslandsversicherung für Langzeitreisende abschließen. Ich habe mich aber noch nicht für eine bestimmte entschieden. Ich gehe davon aus, dass es nicht notwendig ist, eine Anwartschaftsversicherung abzuschließen. Nach Rückkehr von meiner Reise werde ich mich wieder arbeitslos melden.

Da der Versicherungsschutz der Auslandsversicherung bei der Rückkehr nach Deutschland i.d.R. mit dem Grenzübertritt endet, möchte ich gerne wissen, ob ich für den Fall, dass ich

a) zwischen Ankunft in Deutschland und der Wiederanmeldung beim Arbeitsamt einen Unfall habe, bei der deutschen Krankenkasse versichert bin bzw. versichert werde

b) krankheitsbedingt nach Deutschland zurückkomme (z.B. im Rahmen eines Krankenrücktransports nach einem Unfall) in Deutschland versichert bin. Ich habe mal gelesen, dass diese Konstellation u.U. so ausgelegt werden könnte, dass ich nur nach Deutschland komme, um mich hier behandeln zu lassen und dieser Sachverhalt zu einem Ausschluss des Versicherungsschutzes führt.«

Folgende Antwort habe ich darauf erhalten:

»Wie bereits telefonisch mitgeteilt, können wir Ihnen nach der Rückkehr aus dem Ausland eine Versicherung gemäß § 5 Absatz 1 Nummer 13 Sozialgesetzbuch Nummer Fünf anbieten, sofern kein Anspruch auf eine anderweitige Absicherung im Krankheitsfall besteht. Wichtig in diesem Zusammenhang *ist, dass es zwar eine Pflichtversicherung kraft Gesetzes ist, aber dennoch vom Versicherten eine Anzeige (Rückkehr aus dem Ausland) erforderlich ist. Die Beiträge bemessen sich wie bei einem normalen freiwillig Versicherten.*

Sofern Sie nach der Behandlung wieder ins Ausland gehen, könnte der Verdacht natürlich nahe liegen, dass Sie nur aufgrund der Behandlung nach Deutschland zurückgekehrt sind. Aber Sie haben ja nach dem einen Jahr definitiv wieder Ihren Lebensmittelpunkt in Deutschland. Ein Versicherungsschutz kann hier somit gewährt werden.

Was die Anmeldung bei unserer Versicherung angeht, so kann diese auch einige Tage später erfolgen. Wir können dann kulanterweise die Mitgliedschaft rückwirkend eröffnen. Ab diesem Zeitpunkt könnten Sie dann auch wieder unsere Leistungen, wie Behandlungen, etc. in Anspruch nehmen.

Für die Zeit während Ihres Auslandsaufenthaltes ruht Ihre Krankenversicherung. Dies ist somit nicht mit einem Ausschluss aus unserer Krankenversicherung gleichzusetzen.«

Damit ist das Problem, dass man eventuell zwischen Ankunft in Deutschland und Meldung beim Arbeitsamt nicht versichert ist, gelöst (zumindest bei meiner Krankenkasse - es empfiehlt sich, sich dies individuell von der jeweiligen Kasse schriftlich bestätigen zu lassen).

Anwartschaft

Zum 01.04.2007 ist das Gesundheitsreformgesetz in Kraft getreten. Dort ist festgehalten, dass Personen, die schon einmal und zuletzt gesetzlich versichert waren, wieder in die gesetzliche Krankenversicherung aufgenommen werden müssen. Das entsprechende Gesetz lautet wie folgt:

§ 5 Abs. 1 Nr. 13 SGB V:

»Versicherungspflichtig sind (...) Personen, die keinen anderweitigen Anspruch auf Absicherung im Krankheitsfall haben und a) zuletzt gesetzlich krankenversichert waren oder b) bisher nicht gesetzlich oder privat krankenversichert waren, es sei denn, dass sie zu den in Absatz 5 oder den in § 6 Abs. 1 oder 2 genannten Personen gehören oder bei Ausübung ihrer beruflichen Tätigkeit im Inland gehört hätten.«

Diese Personen bekommen auch eine Mitgliedschaft in der Pflegeversicherung, da die Pflegeversicherung der Krankenversicherung folgt. In der Pflegeversicherung kann es jedoch gegebenenfalls zu einer Wartezeit von bis zu zwei Jahren kommen.

Durch die Änderung des Gesetzes wäre somit der einzige Vorteil der Anwartschaft die Erfüllung der Vorversicherungszeiten (also die Zeiten, die man für einen Leistungsanspruch mindestens nachweisen muss).

Personen, die zuletzt privat krankenversichert waren, müssen bei der PKV in den Basistarif aufgenommen werden.

Privat Versicherte, die als Arbeitslose gesetzlich versichert waren und nach der Arbeitslosigkeit wieder in die PKV möchten, können den privaten Versicherungsschutz für die Zeit als Arbeitsloser beitragsfrei ruhen lassen. Dies ist i.d.R. durch die Vereinbarung einer (manchmal kostenpflichtigen) Anwartschaftsversicherung möglich. In diesem Fall muss man sich bei Wiederaufnahme der privaten Krankenversicherung nach seiner Zeit als Arbeitsloser keiner erneuten Risiko- und Gesundheitsprüfung unterziehen und kann zu den alten Konditionen wiedereinsteigen.

8.3 Krankenzusatzversicherungen

Hat man eine solche Versicherung (z.B. für Chefarzt-
behandlung, Erstattung von Zahnersatz, Zweibettzimmer bei
stationärer Behandlung) schon ein paar Jahre, empfiehlt es
sich nicht, diese zu kündigen, es sei denn, man wollte sie
sowieso kündigen. Ansonsten müsste man bei Rückkehr eine
neue Versicherung beantragen. Es würde eine erneute
Gesundheitsprüfung durchgeführt werden und der Beitrag
richtet sich nach dem Eintrittsalter. Alles Punkte, die die
Versicherung bestimmt nicht billiger machen. Außerdem gibt
es in der Regel Wartezeiten, bis man die volle Kosten-
erstattung erhält. Man verliert also höchstwahrscheinlich viel
Geld.

Stattdessen sollte man nachfragen, ob es möglich ist, die
Versicherung ruhen zu lassen. Meist ist dies im Rahmen einer
(evtl. kostenpflichtigen) Anwartschaft möglich.

Eine Weiterführung der Versicherung im Ausland macht
wahrscheinlich wenig Sinn, da man den Behandlungsstandard
in anderen Ländern unter Umständen ohnehin nicht hat.

9   Krankenversicherung im Ausland

Bei dieser Versicherung handelt es sich um einen Vollschutz für Reisende, die in Deutschland keinen Versicherungsschutz haben und/oder länger als 6 Wochen im Ausland sind, so dass die üblichen Urlaubsversicherungen nicht ausreichen.

Diese Versicherungen kosten ab ca. 45 Euro pro Monat und sind meist gestaffelt nach Lebensalter. Wenn die USA mitversichert sein sollen, wird es meist teurer. Manche beinhalten eine Selbstbeteiligung.

Die Versicherungen bieten manchmal unterschiedliche Tarife für Männer und Frauen an. Außerdem sind die Tarife gestaffelt nach Reisedauer. Beim Vergleich der Versicherungen sollte man abgesehen vom Preis auf folgende Kriterien achten:

- Gibt es eine Selbstbeteiligung?
- Ist ein höherer Tarif zu zahlen, wenn die USA mitversichert sein sollen?
- Gibt es zusätzliche Versicherungen (z.B. Unfall-versicherung, Haftpflichtversicherung), die in dem Paket enthalten sind und brauche ich diese?
- Für welche Maximaldauer kann die Versicherung abgeschlossen werden?
- Ist eine Verlängerung oder Verkürzung der Versicherungsdauer (mit entsprechender Rückerstattung der Beiträge) bei Änderung der Reisepläne möglich?
- Wird nach Vorerkrankungen gefragt, die beim Leistungs-umfang evtl. ausgeschlossen werden?

Weiterhin sollte man die unterschiedlichen Bedingungen bezüglich der Rückkehr nach Deutschland vergleichen (siehe auch Punkt »Versicherungsschutz bei Rückkehr« im Kapitel 8.2 »Krankenversicherung endet«). So kann es beispielsweise bei einem Krankenrücktransport wichtig sein, dass die Versicherung nicht mit dem Betreten deutschen Bodens endet, sondern mindestens der Transport ins nächste Krankenhaus abgedeckt ist. Sehr komfortabel sind hier Versicherungen, die ab einer bestimmten Reisedauer einen befristeten Aufenthalt in Deutschland beinhalten. Diesen kann man wahlweise während der Reise für einen Besuch zuhause oder im Anschluss an die Reise nehmen. Somit könnte man zur Not eine gewisse Zeit nach der Rückkehr abdecken, bis man sich arbeitslos gemeldet bzw. die Übernahme durch die deutsche Krankenkasse geklärt hat.

Auslandskrankenversicherungen für Langzeitreisende findet man bspw. unter

- www.travelsecure.de
→ Auslandsreisekrankenversicherung → Aufenthalte bis 365 Tage

- www.statravel.de
→ Versicherung → Reisekrankenversicherung

STA Travel bietet eine Reiseversicherung an, in der ein Versicherungsschutz im Heimatland eingeschlossen ist, dessen Dauer von der Länge der versicherten Zeit abhängt. Je länger man sich versichert, desto mehr Versicherungsschutz im Heimatland ist eingeschlossen. Diese Leistung kann sowohl für Unterbrechungen als auch für die Zeit nach dem Ende der Reise genutzt werden. Dabei kann man entscheiden, ob man diese Leistung aufteilen möchte, z.B. einen Teil für einen »Heimaturlaub« und den Rest nach Ende der Reise.

- www.protrip.de

- www.adac.de

➔ ADAC-Produkte ➔ Versicherungen ➔ Auslands-Krankenschutz ➔ ADAC-Auslands-Krankenschutz Langzeit

Es gibt unterschiedliche Tarife für Mitglieder und Nichtmitglieder.

- www.dkv.com

➔ Versicherung ➔ Auslandsreise & Entsendung ➔ Reisen von 3 bis 36 Monate

Wir hatten uns für die Versicherung von STA Travel entschieden (dahinter verbirgt sich die Hanse Merkur). Sie kostete 529 Euro pro Person und Jahr. Mit der Versicherung hatten wir keine Probleme. Die Abwicklung eines Schadensfalls verlief problemlos und schnell und auch die Rückerstattung des zu viel gezahlten Beitrags aufgrund früherer Rückkehr erfolgte zeitnah.

Hat man eine Auslandsreiseversicherung für Urlaubsreisen, kann man diese kündigen, da diese Versicherungen nur für eine begrenzte Dauer (i.d.R. sechs Wochen) gültig sind und man ohnehin für längere Auslandsreisen eine Vollversicherung abschließen muss.

10 Haftpflichtversicherung

Umfasst die Versicherung auch einen Schutz im Ausland (muss mit der Versicherung abgeklärt werden), empfiehlt es sich, die Versicherung beizubehalten. Ansonsten sollte man sie kündigen, da man sie für die Zeit der Abwesenheit nicht in Anspruch nehmen kann. Einen Nachteil sollte man dadurch nicht haben, da es bei Haftpflichtversicherungen keine Wartezeiten gibt oder die Beiträge niedriger wären, je länger man versichert ist wie z.B. in der Krankenversicherung. Eventuell kann man nach der Rückkehr dann sogar eine günstigere auswählen.

11 Hausratversicherung

Je nachdem, ob man noch Hausrat hat, der versichert werden muss, sollte man die Versicherung kündigen oder behalten. Zur Hausratversicherung bei untervermieteter Wohnung siehe Kapitel 13.2 »Wohnung möbliert untervermieten«.

12 Reisegepäckversicherung

Es sollte geprüft werden, ob sich der Abschluss einer Reisegepäckversicherung lohnt. Bei dieser Frage sollte man folgende Überlegungen einbeziehen:

- Wie viel wertvolles Gepäck habe ich dabei?
- Sind die elektronischen Geräte überhaupt durch die normale Reisegepäckversicherung abgedeckt oder muss eine spezielle Elektronikversicherung abgeschlossen werden?
- Welche Nachweise werden im Schadensfall von der Versicherung verlangt (Diebstahlmeldung bei der Polizei, Nachweis, was in dem Gepäckstück enthalten war)?
- Unter welchen Voraussetzungen zahlt die Versicherung im Schadensfall oder besser gesagt: Wann zahlt sie nicht (aus dem Kofferraum eines Taxis oder aus dem Schlafraum eines Hostels gestohlener Rucksack)?
- Was wird ersetzt (Neuwert oder Zeitwert)? Gibt es Obergrenzen?
- In welchem Verhältnis stehen Versicherungsbeitrag und Wert der versicherten Gegenstände?

Grundsätzlich gibt es natürlich immer folgende Möglichkeiten:

- Ich verzichte auf die Mitnahme wertvoller Gegenstände, dann brauche ich auch keine Reisegepäckversicherung.
- Ich nehme Kamera und Laptop mit, kann den Verlust aber im schlimmsten Fall verschmerzen und schließe keine Reisegepäckversicherung ab. Dann

ärgere ich mich nur über den Verlust meiner Wertgegenstände, aber nicht zusätzlich noch darüber, dass die Versicherung nicht zahlt.

- Ich gehe auf Nummer sicher und versichere meine Wertgegenstände. Im besten Fall werden meine Wertgegenstände ersetzt, im schlechtesten Fall zahlt die Versicherung nicht und ich habe sie umsonst abgeschlossen.

13 Wohnung / Haus

Je nachdem, wie lange man fort sein wird, wie die persönliche Wohnsituation ist, wie sehr man an seiner Wohnung hängt, ob man sich vorstellen kann, dass fremde Menschen im eigenen Bett schlafen usw., gibt es verschiedene Möglichkeiten, was man mit seiner Wohnung machen kann.

13.1 Wohnung behalten

Das heißt Wohnung leer stehen lassen und nicht untervermieten. Kann am einfachsten sein, wenn man nicht zu lange weg ist, z.B. drei Monate. Dies ist i.d.R. die teuerste Variante. Der Vorteil, auch bei einer längeren Abwesenheit, ist natürlich, dass man jederzeit nach Hause kommen kann und eine Wohnung hat. Dies kann vielleicht nützlich sein, wenn man nicht vorhat, die ganze Zeit auf Reisen zu sein, sondern weiß, dass man zwischendurch nach Hause kommen will / muss. Allerdings könnte man sich in diesem Fall auch überlegen, ob es aus Kostengründen nicht auch möglich wäre, für diese Zeit woanders unterzukommen.

13.2 Wohnung möbliert untervermieten

Hat man lange nach der Wohnung gesucht, viel Geld in Renovierung oder maßgeschneiderte Möbel gesteckt oder Geld für einen Makler bezahlt, möchte man die Wohnung vielleicht gerne behalten und nach der Rückkehr wieder dort wohnen.

Wohnt man in einer Mietwohnung, muss man zuerst den Vermieter um sein Einverständnis bitten. Bekommt man grünes Licht, begibt man sich auf die Suche nach einem geeigneten Mieter. Je nach Wohnungsgröße, Lage und Ausstattung kann es sich empfehlen, einen Makler bzw. eine auf möbliertes Wohnen spezialisierte Agentur einzuschalten, da die Vermittlungsprovision vom Untermieter übernommen wird. Diese Agenturen vermitteln oft an Geschäftsleute, die entweder neu oder für eine befristete Zeit in der Stadt / im Land sind und die die Wohnung von ihrem Arbeitgeber bezahlt bekommen. Wenn man Glück hat, wird der Mietvertrag vom Arbeitgeber unterschrieben und damit hat man noch eine etwas größere Sicherheit, was die Mietzahlung angeht.

Hat man eine kleine, günstige Wohnung, die man untervermieten möchte, für die eher Studenten und Leute mit geringem Einkommen die Zielgruppe wäre, empfiehlt es sich, in den entsprechenden Internet-Börsen, der Zeitung oder direkt an den Schwarzen Brettern der Uni oder Fachhochschulen zu inserieren.

In der Regel vereinbart man mit dem Untermieter eine Pauschalmiete, die zumindest die Kaltmiete plus Nebenkosten (plus evtl. geschätzte Nebenkostennachzahlung) ohne Strom und Telefon abdeckt. Für die Vermietung der eigenen Möbel kann man zusätzlich einen gewissen Aufschlag verlangen, der mit ca. 30% der Warmmiete angesetzt werden kann. Strom und ggf. Telefon wären in diesem Fall vom Untermieter selbst anzumelden und zu zahlen. Alternativ kann man den Strom auch weiterlaufen lassen und die monatlichen Abschlagszahlungen auf die Pauschalmiete aufschlagen. Das macht es für den Untermieter, insbesondere wenn er aus dem Ausland kommt, leichter.

Um den Mietvertrag mit dem Untermieter muss man sich in der Regel nicht selbst kümmern, das übernehmen die Agenturen. Bestandteil des Mietvertrags sollte immer auch ein Übergabeprotokoll inklusive einer Inventarliste sein, die beide Parteien unterschreiben. Dort sind alle Möbel, Einrichtungs- und Gebrauchsgegenstände, die dem Untermieter überlassen werden, aufgeführt. Bei der Übergabe geht man gemeinsam durch die Wohnung, geht die Inventarliste durch und vermerkt bereits vorhandene Schäden oder defekte Teile. Somit lässt sich beim Auszug nachvollziehen, welche Schäden vom Untermieter verursacht wurden und welche schon vorher da waren und ob Dinge fehlen.

Um Beschädigungen durch Fehlbedienungen an Haushaltsgeräten zu vermeiden, zeigt man dem Untermieter beim Rundgang durch die Wohnung am besten, wie die Geräte zu handhaben sind und hinterlässt ihm die Bedienungsanleitungen.

Je nach Wert der Möblierung sollte man darüber nachdenken, die Hausratversicherung weiterlaufen zu lassen. Allerdings sollte man gut aufpassen, ob die Police auch greift, wenn die Wohnung an Dritte weitervermietet wird. Dies sollte man im Vorfeld mit der Versicherung klären.

Der Vorteil beim Untervermieten ist, dass man mit relativ wenig Aufwand aus der Wohnung raus und wieder rein kommt. Man hat keine Umzugsarbeiten und -kosten und muss nichts renovieren. Gerade wenn man z.B. eine Küche für die Wohnung gekauft hat, die man mit großem Verlust an den Nachmieter verkaufen müsste und die man auch nicht ohne weiteres mitnehmen kann, verliert man allein dadurch unter Umständen schon viel Geld.

Kennt man im Vorfeld schon sein Rückkehrdatum und man schafft es, die Wohnung für genau den Zeitraum der Abwesenheit zu vermieten, steht bei Rückkehr sofort eine Wohnung zur Verfügung. Dann kann man allerdings bei einem Zwischenaufenthalt in Deutschland nicht über seine Wohnung verfügen und muss anderweitig ausweichen.

In der Regel kann man durch die möblierte Vermietung mehr Miete verlangen, als man selbst zahlt, so dass man damit sogar ein kleines Plus macht.

Dabei gibt es immer das Risiko, dass man entweder gar keinen Untermieter findet oder nicht für den gesamten Zeitraum, so dass die Wohnung leer steht und die Miete weiter läuft. Hat man die Wohnung nur für die ersten Monate vermietet oder kündigt der Untermieter unerwartet, steht man vor dem Problem, dass man die Wohnung untervermieten muss, aber gar nicht vor Ort ist. Für diesen Fall sollte man eine Vertrauensperson mit einer entsprechenden Vollmacht ausstatten und diese bitten, die Vermietung zu übernehmen (siehe auch Kapitel 20 »Homebase«).

Schwierig wird es auch, wenn man noch gar nicht weiß, wie lange man weg sein wird. Dann kann es entweder passieren, dass der Untermieter schon auszieht, man aber immer noch unterwegs ist und die Wohnung dann leer steht oder erneut vermietet werden muss, oder dass man früher als gedacht zurück kommt und die Wohnung noch nicht frei ist, so dass man sich dann selbst für die Übergangszeit eine möblierte Wohnung suchen muss (siehe Kapitel 26 »Unterkunft«). Auf ausdrücklichen Wunsch meiner lieben Schwester möchte ich an dieser Stelle erwähnen, dass sie uns in dieser Situation eine große Hilfe war (und wir deswegen auch ein richtig schlechtes Gewissen hatten!): Nicht nur, dass sie einen Untermieterwechsel während unserer Abwesenheit organisieren musste, zu allem Überfluss belagerten wir - da unsere Wohnung bei unserer Rückkehr noch untervermietet war - noch wochenlang ihre Couch. Hier haben wir mal wieder gemerkt, wie wichtig es ist, jemanden zu haben, den man mit solchen Dingen betrauen kann (siehe auch Kapitel 20 »Homebase«) und Kapitel 33 »Muster für Generalvollmacht«).

Leider kann es auch passieren, dass man die Wohnung bzw. die Einrichtung nicht in dem Zustand vorfindet, in dem man sie übergeben hat. Familienerbstücke und Gegenstände, die sehr wertvoll sind oder einem persönlich viel bedeuten, sollten daher nicht in der Wohnung bleiben, sondern im nicht mitvermieteten Keller oder bei Freunden oder Verwandten aufbewahrt werden. Abgesehen davon sollte man unbedingt die Zahlung einer Kaution bei Mietbeginn vereinbaren. Die Summe in Höhe von ein bis drei Monatsmieten muss auf einem separaten Konto angelegt werden. Im Ernstfall kann man die Summe ganz oder zum Teil einbehalten - je nachdem, in welchem Zustand sich die Wohnung nach der Rückkehr befindet.

Im schlimmsten Fall zahlt der Mieter die Miete nicht. Das kann einem unter Umständen die ganze Reise verderben. Aber dieses Risiko tragen alle Vermieter. Man kann sich die zukünftigen Mieter in der Regel selbst aussuchen, wenn man die Wohnung vor der Abreise vermietet und wird - da die Leute in den eigenen Sachen leben werden - noch mehr auf den persönlichen Eindruck achten als sonst. Darüber hinaus sollte man sich die Einkommenssituation bestätigen lassen, z.B. durch Vorlage der Gehaltsabrechnungen.

13.3 Wohnung aufgeben und Möbel einlagern

Hängt man nicht an seiner Wohnung, weiß sowieso noch nicht, wo oder wie man nach der Rückkehr wohnen möchte und möchte sich keinen Stress mit einer Untervermietung machen, kann es sinnvoll sein, die Wohnung aufzugeben. Dadurch hat man - von Auszugs-, Renovierungs- und evtl. Lagerkosten abgesehen - definitiv keine Kosten mehr, was die Wohnung betrifft und kann keine bösen Überraschungen bei der Rückkehr erleben (es sei denn, das Lager ist abgebrannt, aber davon wollen wir mal nicht ausgehen).

Je nachdem wie groß die Wohnung ist, wie viele Möbel man hat und ob man Leute kennt, bei denen man Sachen unterstellen kann, muss man vielleicht ein mehr oder weniger großes Lager anmieten. Lagerraum gibt es in den unterschiedlichsten Größen und zu unterschiedlichsten Preisen. Hier lohnt es sich, Preise zu vergleichen. In diesem Zusammenhang sollte man auch Lager außerhalb der Stadt in die Suche einbeziehen. Die Möbel müssen ja nicht auf dem teuersten Pflaster in der Innenstadt stehen. Lagerraum in ländlichem Gebiet kann um einiges günstiger sein. Das Lager muss trocken und sauber sein. Ein feuchter Keller eignet sich weniger, dann kann man die Sachen auch gleich wegschmeißen.

Die Lagerkapazität wird i.d.R. in Kubikmetern angegeben. Was die meisten Anbieter nicht gleich dazu sagen, ist, dass die Räume oft eine sehr kleine Grundfläche haben, dafür aber 4 oder 5 Meter hoch sind. Hat man nur Kisten einzulagern, mag das kein Problem sein, aber bei sperrigen Möbeln sieht das schon anders aus. Und es gibt eben auch Teile, auf die man nichts draufstellen kann. Uns wurde immer gesagt, man würde weniger Fläche brauchen, als man denkt, ein Anbieter sagte uns sogar, in ein 12 m^3 Lager würde eine 4-Zimmer-Wohnung passen. Wir waren skeptisch, verließen uns aber auf die Erfahrung des Lagerbesitzers. Es kam wie es kommen musste. Das kleine Lager langte hinten und vorne nicht und selbst in dem mittleren, das wir dann stattdessen anmieteten, passte zum Schluss kein Blatt Papier mehr rein (und wir hatten noch nicht mal vier, sondern nur drei Zimmer!). Immerhin fanden wir es sehr nett, dass er uns nicht ein größeres Lager andrehen wollte, als wir brauchten und zu groß war unser Lager definitiv nicht!

Der Nachteil, wenn man seine Wohnung aufgibt: Man hat erst einmal keine Wohnung mehr und muss bei Freunden / Verwandten oder im Hotel unterkommen. Man hat zwei

Umzüge, evtl. mit Renovierung inklusive der Arbeit und des zeitlichen Aufwands und das sowohl bei der Abreise als auch nach der Rückkehr.

14 Auto / Motorrad

14.1 Auto angemeldet lassen

Ist man nicht so lange weg und hat vielleicht auch keine
Möglichkeit, ein abgemeldetes Auto unterzustellen, kann man
das Auto einfach angemeldet auf der Straße stehen lassen.
Das ist die einfachste, aber - wie so oft - auch die teuerste
Variante, sofern man nicht das Auto beispielsweise einem
Freund zur Nutzung überlassen kann. Außerdem sollte das
Auto auf einem (abschlepp-)sicheren Platz stehen. Auf
öffentlichen Straßen können jederzeit Straßensperren z.B. an
Fastnacht oder wegen Bauarbeiten eingerichtet werden. Eine
Vertrauensperson sollte regelmäßig nach dem Fahrzeug
schauen können.

14.2 Auto abmelden

Um Steuern und Versicherung für die Zeit der Abwesenheit
zu sparen, empfiehlt es sich, das Auto abzumelden und auf
einem privaten Grundstück / Parkplatz zu parken. Die
Nummernschilder muss man aufbewahren. Das Kennzeichen
wird bis zu einem Jahr freigehalten. Laut Aussage der
Zulassungsstelle kann diese Frist verlängert werden. Dazu
genügt ein Anruf vor Ablauf der 12 Monate. Somit braucht
man keine neuen Schilder, sondern muss lediglich die Ab-
und Anmeldegebühren bezahlen.

Bevor man sich entscheidet, das Auto abzumelden, sollte man
berücksichtigen, dass man zwar Steuern und Versicherung
spart, aber Kosten für die Ab- und Anmeldung hat. Außerdem
muss man beachten, dass für die Wiederanmeldung ein

gültiger TÜV erforderlich ist. Läuft also während der Abwesenheit der TÜV ab, muss man sich eine Tageszulassung besorgen, damit zum TÜV fahren und kann dann erst das Auto anmelden. Um die Kosten und den Aufwand für die Tageszulassung zu sparen, kann man, je nachdem, wie lange der TÜV noch gültig ist, das Auto noch vor der Abreise über den TÜV fahren.

Die Versicherung sollte man informieren, dass man das Auto vorübergehend abmeldet und nach einem beitragsfreien Versicherungsschutz (Ruheversicherung) fragen. Manche Versicherungen dokumentieren automatisch eine Ruheversicherung, wenn sie durch die Zulassungsstelle mitgeteilt bekommen, dass das Fahrzeug abgemeldet wurde, man aber keinen Antrag für ein neues Fahrzeug einreicht, da sie dann davon ausgehen, dass man das Fahrzeug nicht verkauft hat. Eine Ruheversicherung wird für 12, manchmal auch für 18 Monate gewährt. Man muss das Auto auf einem privaten (umzäunten) Stellplatz oder einer Garage abstellen. Der Versicherungsschutz umfasst die Kfz-Haftpflicht, (z.B. bei Wagenwäsche, Wartung oder Reparatur) sowie die Teilkaskoversicherung (Diebstahl, Brand, Elementarereignisse). Eventuell erfolgt im Gegenzug die Abrechnung der zu viel gezahlten Versicherungsbeiträge für das laufende Jahr erst nach Ablauf der Ruheversicherung. Dies wurde uns so angekündigt, wir haben die Beitragsrückerstattung dann aber doch sofort erhalten.

Zudem sollte beachtet werden, dass das Fahrzeug vernünftig eingelagert werden muss, d.h. die Batterie muss ausgebaut und trocken gelagert werden, der Reifendruck muss erhöht werden und das Reserverad muss aufgepumpt sein. Das Fahrzeug sollte gewaschen und durch eine Schutzhaube vor Nässe und Dreck geschützt werden.

14.3 Auto verkaufen

Ist einem das alles zu umständlich oder wird man nach der Rückkehr vielleicht kein Auto mehr benötigen (oder man weiß noch gar nicht, ob man jemals wieder zurückkommt), wird man sein Auto verkaufen wollen. Somit kann man von dem Erlös auch noch einen Teil der Reise finanzieren.

15 Was muss gekündigt werden?

Diese Frage muss natürlich jeder für sich beantworten, hier nur eine Aufzählung als Gedankenstütze:

- Job
- Wohnung
- Telefon- und Internetanschluss
- Handyvertrag
- Wartungsverträge
- Zeitschriftenabonnements
- Mitgliedschaften, z.B. Sportstudio
- unnötige Versicherungen, z.B. Reisekrankenversicherung für Urlaubsreisen, siehe Kapitel 9 »Krankenversicherung im Ausland«.
- Eventuell lohnt es sich, die ADAC-Mitgliedschaft zu behalten, wenn man erwägt, beim ADAC eine Krankenversicherung abzuschließen (günstigere Tarife für Mitglieder) oder im Ausland mit dem Auto unterwegs ist (Rabatte beim ausländischen ADAC z.B. für Straßenkarten bei Vorlage des deutschen Mitgliedsausweises)
- GEZ

16 Finanzen

16.1 Steuererklärung

Es empfiehlt sich, mit dem Finanzamt zu klären, ob man weiterhin zur Abgabe einer Steuererklärung verpflichtet ist. Dies hängt unter anderem davon ab, ob man weiterhin Einkünfte in Deutschland, z.B. aus einer vermieteten Wohnung hat.

Leistet man normalerweise Steuervorauszahlungen, sollte man beantragen, dass diese reduziert werden, da ja die Einkünfte aus nichtselbständiger Arbeit wegfallen.

Falls dies vom Reisezeitraum her notwendig ist, sollte man außerdem nachfragen, ob es die Möglichkeit gibt, die Abgabefrist für die Steuererklärung zu verlängern. Eventuell muss ansonsten die Vertrauensperson zuhause mit der Erstellung bzw. Vervollständigung der Steuererklärung beauftragt werden. Vorher sollte man aber mit dem Finanzamt abklären, ob es die Vollmacht für die Vertrauensperson in dieser Form anerkennt.

Bei unterjährigem Beginn oder Ende der Reise kann man davon ausgehen, dass man in den jeweiligen Jahren eine Steuerrückzahlung erhält, da man nicht das volle Jahr gearbeitet hat.

16.2 Bezahlen mit Kreditkarte

Es empfiehlt sich, die Bank vor der Abreise zu informieren, dass man längere Zeit ins Ausland geht und eventuell höhere Summen mit der Kreditkarte bezahlen wird, damit beispielsweise beim Bezahlen des Mietwagens nicht die Karte aus Sicherheitsgründen gesperrt wird.

16.3 Gültigkeit Kredit- und EC-Karten

Vor der Abreise sollte man checken, wie lange die Kredit- und EC-Karten noch gültig sind und sich dann neue Karten ausstellen lassen. Hierfür verlangen die Banken i.d.R. eine kleine Gebühr.

16.4 Kostenlos Geld abheben am Geldautomat

Um im Ausland kostenlos Geld am Geldautomaten abzuheben, haben wir ein Konto bei der DKB-Bank. Eröffnet man dort ein Konto, erhält man ein Girokonto mit EC-Karte und ein Kreditkartenkonto mit VISA-Karte. Überweist man Geld auf sein Konto bei der DKB-Bank, landet es zunächst auf dem Girokonto. Von dort muss man es auf das Kreditkartenkonto transferieren. Dort bringt es ganz ansehnliche Zinsen (jedenfalls mindestens so viel wie auf einem normalen Tagesgeldkonto). Mit der VISA-Karte kann man weltweit an allen Geldautomaten, die das VISA-Zeichen tragen, kostenlos Geld abheben. Außerdem kann man natürlich mit der VISA-Karte bezahlen, muss aber beachten, dass die Bank 1,75% für die Nutzung im Ausland berechnet.

Zu Sicherheitsaspekten bei der Bargeldversorgung an Geldautomaten siehe auch Kapitel 19.2 »Sicherheit im Umgang mit Geld«.

Zusätzlich zu den VISA-Karten hatten wir unsere EC-Karten dabei, mit denen wir (zur Not) ebenfalls am Geldautomat Geld abheben konnten. Hier wird allerdings eine Gebühr verlangt, daher sollte man sie wirklich nur dann benutzen, wenn das Kreditkartenkonto mal leer sein sollte (oder die Kreditkarte nicht funktioniert oder verloren geht).

16.5 Bargeld abheben am Bankschalter

Gegen Vorlage der Kreditkarte und des Ausweises erhält man auch am Bankschalter Bargeld. Achtung: Dafür können saftige Gebühren berechnet werden (in unserem Fall 3%).

16.6 Online-Banking und Datensicherheit

Um von unterwegs Überweisungen per Online-Banking tätigen zu können, gibt es entweder die Möglichkeit, sich im Rahmen des Überweisungsvorgangs die benötigte TAN auf das Handy schicken zu lassen (mobile TAN) oder man scannt die komplette TAN-Liste ein und speichert sie in seinem Email-Postfach oder irgendwo anders, wo man über das Internet Zugriff hat. Somit kann sie nie verloren gehen und man hat überall, wo man Internet-Zugang hat, Zugriff darauf. Dieses Dokument, wie auch alle anderen wichtigen Dokumente, sollte man dabei nur verschlüsselt ablegen.

Hat man sich entschieden, kein eigenes Notebook auf die Reise mitzunehmen, sollte man sich Gedanken machen, wie man unterwegs sicher Bankgeschäfte tätigen kann. Internet-cafés oder Hotelterminals ohne weitere Sicherheits-maßnahmen bergen ein großes Risiko, da man nicht weiß, wie gut die Computer gewartet sind und welche Interessen der Besitzer verfolgt. Eine Möglichkeit zur Erhöhung der Sicherheit bei Online-Banking bei öffentlich zugänglichen

Computern ist die Installation aller wichtigen Programme auf einem USB-Stick. So hat man die Möglichkeit, alle Programme, die man unterwegs braucht (zum Beispiel Internet Browser, Passwortsafe, Verschlüsselungssoftware), im Internetcafé vom USB-Stick aus zu starten, ohne dass man die Programme, die auf den Computern im Internetcafé installiert sind, nutzt. Wir haben uns vor der Reise alle notwendigen Programme auf einen USB-Stick gezogen und entsprechende Sicherheitseinstellungen zum Beispiel im Internet Browser vorgenommen. So mussten wir nicht immer unser Netbook benutzen, sondern konnten einfach im Internetcafé den USB-Stick in den Computer stecken und mit unserem eigenen Internet Browser Bankgeschäfte tätigen.

Internetseiten wie http://portableapps.com/de bieten zahlreiche nützliche Programme für die Reise an.

Vor der Reise sollte man ebenfalls darauf achten, alle Geräte und Internetzugänge mit einem Passwortschutz zu versehen. Dabei ist es wichtig, eine gewisse Mindestlänge und Komplexität einzuhalten. Empfehlenswert sind mindesten 8 Stellen je Passwort und davon mindestens 4 Sonderzeichen (z.B. $§%93). Auch ist es empfehlenswert, für jeden Zugang ein anderes Passwort zu nutzen. Das ist zwar etwas aufwändiger, da man sich alle Passworte merken muss. Sollte ein Passwort geknackt werden, kann der Täter aber nicht gleich auf alle Daten zugreifen.

Alternativ kann man sich eine Passwortsafe-Software besorgen. In dieser Software kann man alle Passworte samt Anmeldenamen und Funktion eintragen und verschlüsselt speichern. So muss man nur sich nur ein Masterpasswort zum Öffnen des Passwortsafes merken, sollte man mal ein Zugangspasswort vergessen haben.

16.7 Notfallnummern

Wollen wir hoffen, dass man sie nie braucht, aber wenn doch, ist man froh, wenn man sie schnell zur Hand hat und nicht erst noch in zahlreichen Telefonaten erfragen muss. Die in unserem Australien-Reiseführer angegebene Notfallnummer der VISA-Karte nützte uns nämlich beispielsweise gar nichts, weil es eine deutsche Nummer war, die wir mit dem lokalen Anschluss nicht anrufen konnten. Es gibt immer auch eine lokale, i.d.R. kostenlose Nummer.

Damit die Kreditkarte bei dem Versuch, größere Summen damit zu bezahlen, nicht aus Sicherheitsgründen gesperrt wird, sollte man vor der Abreise die Bank über die Auslandsreise informieren (siehe oben). Aber auch wenn man das versäumt hat (so wie wir), muss man sich nicht entmutigen lassen. Uns ist das beim Bezahlen des Mietwagens passiert, da zusätzlich zur Wagenmiete noch die Versicherung in fast gleicher Höhe kam (was wir vorher nicht wussten). Durch Hartnäckigkeit haben wir es geschafft, die richtige Nummer herauszufinden, um die Karte wieder entsperren zu lassen und dort auch jemanden erreicht, der dies trotz der Zeitverschiebung sofort erledigen konnte. Weitere Infos, was beim Mieten von Wohnmobilen zu beachten ist, gibt es im Kapitel 25.3 »Auto / Wohnmobil mieten«.

Nummer zum Sperren der VISA-Karte in Australien (diese Nummer kann man im Gegensatz zu der in vielen Reiseführern angegebenen deutschen Nummer auch von Apparaten anrufen, die für Auslandsgespräche gesperrt sind:
1-800-125-440

Nummer zum Entsperren der VISA-Karte in Australien, wenn sie durch das Bezahlen höherer Summen aus Sicherheitsgründen gesperrt wurde:
+49-180-3123888

Nummer zur Abklärung der VISA-Kartenumsätze in Australien:
+49-180-3123555

17 Kommunikation

Jeder möchte sicherlich Kontakt zur Heimat in irgendeiner Form halten. Daher sollte man sich im Vorfeld informieren, wie dies in dem jeweiligen Land per Internet und Telefon am besten möglich ist.

17.1 Telefonieren

Möchte man sein Handy im Ausland benutzen, muss man prüfen, ob es im jeweiligen Land funktioniert (Funknetze). Ist man längere Zeit in einem Land unterwegs, bietet es sich an, eine lokale SIM-Karte für das Handy zu kaufen, so dass man innerhalb des Landes günstiger telefonieren kann. Außerdem ist man dann auch gut und günstig für die Daheimgebliebenen erreichbar. Mit einer Vorvorwahl sind Gespräche auf das ausländische Handy recht günstig (vom deutschen Festnetz auf eine australische Handynummer mit Vorvorwahl unter 0,10 € pro Minute). Welche Vorvorwahl gerade am günstigsten ist, kann man im Internet nachschauen.

Eine weitere Möglichkeit, günstig nach Hause zu telefonieren (und sich nicht nur zu hören, sondern auch zu sehen!), ist Skype. Abgesehen von der kostenlosen Möglichkeit, von Computer zu Computer zu »skypen«, ist es auch möglich, Mutti oder Omi, die nicht über einen Computer verfügen, über Skype anzurufen. Dazu lädt man ein Guthaben auf sein Skype-Konto, mit dem man dann günstig (um die 0,02 € pro Minute) jedes normale Telefon anrufen kann. Der Angerufene benötigt keinen Computer. Auch SMS schreiben ist mit diesem Service möglich.

17.2 Laptop / Internet

Ob man einen Laptop mit auf die Reise nimmt oder nicht, ist ja fast schon eine Glaubensfrage. Könnte man zumindest meinen, wenn man ein wenig in den einschlägigen Foren stöbert. Backpacking und Notebook - irgendwie passt das bei einigen nicht zusammen. Natürlich muss das jeder für sich entscheiden und natürlich sieht das jeder anders. Für uns war ziemlich schnell klar, dass wir einen Laptop mitnehmen wollen. Da wir keinen eigenen Laptop hatten und den Firmenlaptop zurückgeben mussten, haben wir uns für die Reise extra einen angeschafft. Das war insofern ein Vorteil, als wir genau das kaufen konnten, was für eine Reise am besten geeignet ist. Wir haben uns aus folgenden Gründen für einen Asus Eee PC entschieden:

- Er ist kleiner als ein normaler Laptop.
- Er ist sehr leicht (ca. 1,4 kg) und stört somit auch nicht besonders, wenn man ihn mal in der Handtasche mitnehmen will
- Er ist billiger als ein Laptop.
- Er verfügt über eine sehr gute Akku-Leistung (ca. 8 Stunden).
- Das Display ist matt, somit ist die Benutzung auch draußen in der Sonne möglich (nicht perfekt, aber machbar im Gegensatz zu spiegelnden Displays).
- Die Tastatur ist ordentlich.
- Er verfügt über eine Webcam.
- Nachteil: Er hat kein CD-Laufwerk.

Sicherlich gibt es noch andere gute Netbooks und hier soll auch keine Werbung gemacht werden. Das ist nur unsere persönliche Erfahrung und wir waren sehr zufrieden mit unserem Netbook.

Warum brauchen wir aber überhaupt einen Laptop auf Reisen? Reicht es nicht, wenn man zuhause bzw. bei der Arbeit den ganzen Tag auf den Bildschirm starrt? Ja, das stimmt schon, aber meiner Meinung nach macht es das Leben doch auch viel angenehmer:

Man kann täglich seine Fotos von der Kamera auf den Laptop ziehen (zum Anschauen und als Datensicherung). Irgendwann ist ja auch mal die größte Speicherkarte voll und außerdem hat man so nochmal eine Kopie, falls die Kamera gestohlen wird oder die Speicherkarte kaputt oder verloren geht. Außerdem haben wir unsere Fotos immer gleich umbenannt, wenn wir sie auf den Laptop gespeichert haben, da wir nach ein paar Wochen sonst nicht mehr wissen, wo das jetzt gerade war...

Mittlerweile gibt es fast überall WLAN (WiFi), so dass man mit seinem eigenen Laptop bequem ins Internet gehen kann – bei McDonalds z.B. kostenlos, ansonsten in Internet-Cafés, auf Campingplätzen, in Hostels etc.. Für die PC-Benutzung muss dagegen z.B. in Hostels oft gezahlt werden (außerdem sind die wenigen PCs oft besetzt).

Gibt es kein kostenloses Internet, gibt es als Alternative zum Internet-Café den mobilen Internet-Stick: Das hat den Vorteil, dass man überall, wo man sich gerade befindet, Internet-Zugang hat. Wie funktioniert das? Man kauft sich einen UMTS-Stick (sieht aus wie ein USB-Stick) und lädt ein Guthaben auf, das man dann absurfen kann (Achtung: Das Guthaben verfällt u.U. nach einer gewissen Zeit!). Es gibt verschiedene Anbieter mit unterschiedlichen Tarifen, aber auch unterschiedlicher Netzabdeckung. Wir haben uns in Australien für den teuersten mit der besten Netzabdeckung (Telstra) entschieden und haben es nicht bereut, da wir fast in jedem noch so kleinen Kaff Empfang hatten (da, wo wir keinen Empfang hatten, hatte man meistens auch keinen

Telefonempfang) und was nützt mir der Internet-Stick mit einem Guthaben, wenn ich es nicht nutzen kann und es dann auch noch nach 30 Tagen verfällt. Diese Investition war für uns jedenfalls Gold wert, da wir jederzeit und überall (z.B. in Ruhe auf dem Campingplatz oder gemütlich im Hostelzimmer) unsere Mails checken oder unsere Weiterreise planen, schnell eine alternative Unterkunft suchen und per Skype nach Hause telefonieren konnten, ohne erst ein Internet-Café suchen zu müssen. Außerdem kann man viel Geld sparen, da man z.B. flexibler beim Buchen von Flügen ist. Natürlich kommt es auch immer auf den Reisenden an - wer zuhause seine Route und einen Zeitplan fertig absteckt und alle Tickets/Unterkünfte im voraus bucht oder raussucht, der muss nicht notwendigerweise noch ein Notebook mitnehmen - oft ergeben sich aber doch Änderungen, wenn man unterwegs ist und bis ins letzte Detail kann und will man die Reise ja auch nicht von zuhause planen.

Wir hatten einen Internet-Blog und haben daher regelmäßig Artikel geschrieben, außerdem natürlich ab und zu mal ein längeres Mail. Hätten wir keinen Laptop, müssten wir das on the fly im Internet-Café formulieren. Das ist auch machbar, die Laptop-Variante ist aber angenehmer.

Ab und zu haben wir uns einen Film angeschaut und wenn auf längeren Fahrten nichts im Radio kam und wir kein Plug-In für den MP3-Player am Radio hatten, konnten wir über den Laptop Musik oder ein Hörbuch hören.

Man muss nicht auf irgendwelchen ausgeleierten Tastaturen im Internet-Café seine eMails schreiben, auf denen einige Tasten nicht funktionieren und Zeichen wie / ; : ? usw. suchen.

Bei all den Vorteilen, die das Reisen mit Laptop für uns hatte, muss ich jedoch auch noch einige Nachteile erwähnen.

Wenn man dauernd seine Emails abruft, immer weiß, wie der Dax gerade steht oder was einen sonst normalerweise so interessiert, ist es sehr schwer, in den berühmten »Flow« zu kommen. Unter Flow versteht man das Gefühl der völligen Vertiefung in eine Tätigkeit. Handlungen und Gedanken fließen, sie laufen mühelos ab. Er entsteht im Bereich zwischen Überforderung (Angst) und Unterforderung (Langeweile), wenn wir so in einer Tätigkeit aufgehen, dass wir die Welt um uns herum und das Zeitgefühl völlig vergessen.

Je mehr Abstand man von zuhause hat und je mehr man sich mit anderen, fremden Dingen und Tätigkeiten umgibt, desto leichter fällt es, in den Flow zu kommen. Reisen hat auch immer etwas mit »Loslassen« zu tun. Gerade weil der Computer zuhause so normal dazu gehört, will man ihn auf Reisen vielleicht weglassen - wie den vollen Kleiderschrank, das Telefon und das eigene Bett. Ob einem allerdings notwendigerweise etwas entgeht, nur weil man ein Netbook dabei hat, muss jeder für sich entscheiden. Man kann ja trotzdem die schönen Landschaften genießen und sich mit den Leuten beschäftigen, die man unterwegs kennenlernt. Außerdem ist es auch abhängig davon, wie viel man in Deutschland noch zu verwalten / organisieren hat. Dann ist es vielleicht unabdingbar, für die Vertrauensperson zuhause erreichbar zu sein. Email ist halt immer noch das einfachste und schnellste Kommunikationsmittel.

Abgesehen davon fühlen sich viele aber wohler, wenn sie auf weniger Dinge achten müssen, die kaputt gehen könnten oder sich als Diebesgut eignen.

Wir haben eingesehen, dass es eine ganz persönliche Sache ist, wie gut man abschalten und voll und ganz in eine neue Welt eintauchen kann. Diese Reise ist schon die zweite längere Reise, die wir machen und wir sind auch beim ersten

Mal nicht als völlig veränderte Menschen zurückgekommen, haben neue Berufe ergriffen und überhaupt ein ganz neues Leben begonnen. Von daher war für uns die Entscheidung, mit Laptop auf die Reise zu gehen, auch im Nachhinein noch richtig und notwendig.

Beispiele für Preise in Internet-Cafés:
Australien: um die 2,40 € / Std.
Mexiko: 0,80 € / Std.

18 Gesundheit

18.1 Impfbestimmungen

Vor der Reise sollte man sich darüber informieren, welche Impfungen notwendig und gesetzlich vorgeschrieben sind oder empfohlen werden (siehe auch Kapitel 24.4 »Impfungen«). Wir gehen dazu immer zum Tropeninstitut der Uniklinik Mainz. Dort gibt es freie Sprechstunden, d.h. man benötigt keinen Termin. Die Beratung und der Impfstoff müssen privat bezahlt werden. Es gibt aber auch freie Ärzte, die auf reisemedizinische Beratung spezialisiert sind (Tropenärzte). Zum normalen Hausarzt kann man theoretisch auch gehen, aber ich bin mir nicht sicher, wie gut die Beratung dort ist. Es gibt sogar Krankenkassen, die die Impfungen übernehmen. Welche das sind, kann man unter

www.internisten-im-netz.de
➔ Im Fokus ➔ Krankenkassen bezahlen Reiseimpfungen ➔ auf die Liste klicken

nachlesen.

Vorabinformationen zu Gesundheitsthemen und generelle Informationen zur aktuellen Lage kann man auf der Seite des Auswärtigen Amts:

www.auswaertiges-amt.de

einholen.

18.2 Medikamente / Verhütung / Frauenhygiene

Wichtig ist, dass man einen ausreichenden Vorrat von den Dingen mitnimmt, die man woanders nicht oder nur mit großem Aufwand kaufen kann, so z.B. Medikamente, die man regelmäßig benötigt. Reist man in ein Malaria-Gebiet, sollte man sich auch ein Malaria-Notfallmedikament (z.B. Malarone) besorgen. Achtung: In bestimmten Ländern kann es Einfuhrbeschränkungen für Medikamente für den Eigengebrauch geben. Informationen findet man auf der Internetseite des Auswärtigen Amtes.

Wer die Pille nimmt, sollte ebenfalls einen ausreichenden Vorrat einpacken, wenn man nicht gerade Lust hat, im Ausland zu einem Frauenarzt zu gehen und ihm zu erklären, was man möchte. Wenn man seinem Frauenarzt die Situation erklärt, wird er in der Regel auch ein Rezept für 12 Monate ausstellen. Ansonsten kann man natürlich auch zu einem zweiten Arzt gehen und sich so zwei Rezepte für jeweils 6 Monate besorgen. Man sollte unterwegs nur auf die Lagerung achten (nicht zu heiß und nicht zu kalt / feucht lagern, sonst verlieren die Medikamente ihre Wirkung).

Praktisch ist es wohl ebenfalls, einen Vorrat an Kontaktlinsen einzupacken.

Ob man eine Jahrespackung Tampons einpacken muss, weiß ich nicht. In manchen Ländern gibt es zwar keine O.B.s, sondern andere, etwas altertümlichere Modelle, aber dass ich gar keine Tampons bekommen hätte, habe ich nirgendwo erlebt.

18.3 Checks bei Zahnarzt, Hausarzt etc.

Vor einer langen Reise empfiehlt es sich, sich nochmal durchchecken zu lassen. Achtung Bonusheft für Zahnarztbesuche: Der Bonus bleibt nur erhalten, wenn man sich mindestens einmal im Kalenderjahr einen Stempel für die Vorsorgeuntersuchung geben lässt. Ist man in einem Kalenderjahr gar nicht in Deutschland, sollte man versuchen, im Ausland zum Zahnarzt zu gehen und sich dort einen Stempel geben zu lassen in der Hoffnung, dass die Krankenkasse in Deutschland dies anerkennt. Diesen Tipp hat mir mein Zahnarzt gegeben, ich musste es aber nicht ausprobieren.

19 Sicherheit

Die Begeisterung für schöne Landschaften und andere Kulturen mag dazu führen, dass krasse Armut und wachsende organisierte Kriminalität ausgeblendet oder verharmlost werden. Das Thema Sicherheit gilt in den einschlägigen Reiseführern, Internet-Foren oder Reiseberichten oftmals als uncool - nach dem Motto: Wer Angst hat, dass ihm etwas passiert, soll doch gleich zuhause bleiben. Natürlich kann man es mit den Sicherheitsvorkehrungen auch übertreiben und man soll sich dadurch auch nicht die Reise verderben lassen, aber ein gewisses Maß an Vorsicht und ein gesunder Menschenverstand (sowohl auf der Reise als auch bei der Auswahl der Reiseländer, siehe auch Kapitel 22 »Zusammenstellung der Route«) schaden bestimmt nicht.

Aufgrund jahrelanger Erfahrungen gehen die Verbrecher davon aus, dass fast jeder, der einen Rucksack trägt, auch eine Kreditkarte bei sich hat und dass jede Bankkarte schnell und risikolos Zugang zu unvorstellbar viel Geld ermöglicht. In armen Ländern gelten Touristen per se als reich, alleine schon weil sie sich den teuren Flug in das jeweilige Land leisten können. Je nachdem, in welchen Ländern man unterwegs sein will, wird man - abgesehen von der Kleidung - schon aufgrund der Haut- oder Haarfarbe als Ausländer identifiziert. Diese Kombination kann in manchen Gegenden sehr gefährlich sein.

Bevor man ein Land in seine Reiseroute aufnimmt, sollte man daher unbedingt die Sicherheitshinweise des Auswärtigen Amts (www.auswaertiges-amt.de) lesen und ernst nehmen. Man liest immer wieder von Leuten, die behaupten, sie wären schon einmal in dem betreffenden Land gewesen und ihnen wäre überhaupt nichts passiert, im Gegenteil, die Leute wären so freundlich gewesen und überhaupt werde mit den Warnungen übertrieben. Das mag alles richtig sein - dennoch gibt es keine Garantie und vielleicht hat derjenige auch einfach Glück gehabt.

Die nachfolgenden Sicherheitstipps sind für Vielreisende vielleicht selbstverständlich, aber für Leute mit wenig Reiseerfahrung wichtig und alle anderen sollten sie sich auch nochmal ins Gedächtnis rufen, da man im entscheidenden Moment sonst vielleicht doch nicht daran denkt.

19.1 Sicherheit auf Reisen

Grundsätzlich gilt: Man sollte nichts auf die Reise mitnehmen, dessen Verlust man nicht ertragen könnte. Wenn man seine Wertgegenstände gedanklich schon vor der Reise abgeschrieben hat, ist es nicht so schlimm, wenn sie wegkommen.

Im Bus sollte das Handgepäck immer auf den Schoß genommen werden, nicht zwischen die Beine auf den Boden gestellt und erst recht nicht in die Gepäckablage gelegt werden. Bei Stadtbussen bleibt zusätzlich immer eine Hand an den Wertsachen. Dazu kann ich eine kleine »Anekdote« erzählen, die zwei Deutschen in Ecuador passiert ist: Sie sind am hellichten Tag in einem öffentlichen Bus gefahren. Der Bus war ziemlich leer. Es stiegen einige Jugendliche ein, die sich auf die Sitzreihen vor und hinter dem Pärchen verteilten. Sie wunderten sich zwar schon, was das sollte, da ja schließlich im ganzen Bus Platz war, dachten sich aber nichts weiter dabei. Irgendwann stiegen die Jugendlichen wieder aus, ohne dass etwas passiert war. Als die beiden Deutschen später auch aussteigen wollten und ihren Tagesrucksack, den sie zwischen sich auf dem Boden stehen hatten, hochhoben, stellten sie fest, dass der Rucksack von oben bis unten aufgeschlitzt war. Es hat nichts gefehlt, aber sie hatten wohlweislich auch schon gar keine Wertsachen mitgenommen. Nur der Rucksack und die Jacke, die darin war, waren kaputt. Man bildet sich ja immer ein, dass man es mitbekommen würde, wenn jemand einen bestehlen will. Das ist mal wieder ein schönes Beispiel dafür, dass man gegen die ausgefuchsten Kriminellen keine Chance hat. Zum Glück ist zumindest in diesem Fall nichts weiter passiert.

Eine eher schlechte Idee ist es, seine Reichtümer offen zur Schau zur stellen. Wer mit umgehängter Spiegelreflexkamera im Wert eines Jahreslohns der Einheimischen herumläuft, muss sich nicht wundern, wenn sie weg ist.

Gerade im Umgang mit Alkohol und Drogen (generell, aber vor allem in unsicheren Gegenden) darf man niemals die Kontrolle verlieren. Wer Wahrnehmungs- oder Bewegungsstörungen hat, ist ein extrem leichtes Opfer.

Wenn man in einer neuen Stadt ankommt, hat es sich bewährt, erstmal alle abzuwimmeln und ein paar Meter aus dem Chaos herauszugehen. Große Terminals aller Art (besonders Flughäfen) sind eine Schutzzone, wo man sich erst einmal ein paar Minuten akklimatisieren und sich einen Überblick verschaffen kann, bevor man sich in den Großstadt-Dschungel stürzt. Dazu gehören: Baggage Tag vom Rucksack abmachen, Reisepass sicher verstauen, Lesezeichen im Reiseführer an die Stelle mit dem Stadtplan legen, Adresse des Hostels, zu dem man will, griffbereit haben, noch mal aufs Klo gehen, genug Bargeld in kleinen Scheinen bereithalten.

Keine schlechte Idee ist es auch, sich am Flughafen vom Hotel abholen zu lassen. In größeren Städten empfiehlt es sich sowieso, mindestens für die erste Nacht ein Zimmer zu reservieren. Das gilt besonders dann, wenn man erst relativ spät am Tag ankommt. Falls das Zimmer nicht so toll sein sollte, kann man immer noch nach dem Einchecken losziehen und sich für die nächsten Nächte etwas Besseres suchen. Dann allerdings ohne das schwere Gepäck.

Wenn man kein Zimmer reserviert hat, sollte man zumindest bei der Ankunft wissen, wo man übernachten möchte, damit man nicht inmitten der Schlepper im Reiseführer das passende Hostel suchen muss.

Die wichtigsten Dokumente (Reisepass, Kreditkarten, EC-Karten, Führerschein, TAN-Listen, Tickets oder E-Ticket-

Nummer (das ist die elektronische Nummer des Flugtickets, die heutzutage als Nachweis ausreicht), Kranken-versicherungspolice, Impfpass) sollten eingescannt und auf dem Email-Server gespeichert werden (eingescanntes Dokument als Anhang in einer Mail an sich selbst schicken), damit man bei Verlust die Daten verfügbar hat, siehe auch Kapitel 16.6 »Online-Banking und Datensicherheit«.

Leider finden die meisten Diebstähle auf Reisen unter Back-packern statt. Wenn man also besonders wertvolle Gegen-stände dabei hat, sollte man sie besser nicht im Dorm auf dem Bett liegen lassen, sondern im verschlossenen (= abge-schlossenen) Tagesrucksack oder noch besser gleich (falls vorhanden) in einem Schließfach aufbewahren. Fast immer gibt es auch einen Safe an der Rezeption, wo man Geld, Pass und Kreditkarten lassen kann.

Wertsachen sollte man normalerweise nicht im Auto lassen. Das ist natürlich schwierig, wenn man mit einem Camper unterwegs ist und das Auto gleichzeitig das Hotel ist. Natürlich muss man dann seine Sachen im Auto lassen, aber man sollte die wichtigsten Dinge wie Geldbeutel, Kamera, iPod etc. im Tagesrucksack mitnehmen. Den Laptop will man natürlich auf längere Wanderungen nicht mitnehmen, aber dann sollte man solche Dinge nicht offen sichtbar herum-liegen lassen. Aus eigener Erfahrung können wir berichten, was passieren kann, wenn man in solchen Dingen ein wenig nachlässig ist, weil man beispielsweise nur mal kurz das Auto verlässt. Wir waren in Australien bei der Katherine Gorge und haben unseren Camper auf dem offiziellen Parkplatz des Information Centers abgestellt, weil wir uns über die angebotenen Touren informieren wollten. Ich habe nur mein Portemonnaie mitgenommen - alles andere haben wir im Auto gelassen. Schön sichtbar für alle lag der Rucksack samt Kameras auf dem Beifahrersitz und der iPod klemmte in der Halterung am Radio. Die übrigen Wertgegenstände waren zwar im Auto versteckt, wurden von den Dieben aber trotzdem gefunden. Als wir wieder zu unserem Auto zurückkamen, stand die Tür offen. Da ahnten wir schon, was passiert war. Dass uns so etwas ausgerechnet in Australien passiert, damit hatten wir nicht gerechnet.

Wir Nordeuropäer unterschätzen manchmal auch die Temperaturen in einigen Reisegebieten. Es wird immer wieder darauf hingewiesen, dass man mehrere Liter Wasser dabei haben sollte, vor allem bei längeren Wanderungen. Das kommt einem dann manchmal etwas übertrieben vor. Es ist aber keineswegs auf die leichte Schulter zu nehmen. Man glaubt gar nicht, wie viel man an heißen Tagen trinkt, auch wenn man normalerweise jemand ist, der eher wenig trinkt. Wenn man das Gefühl hat, man hat zu viel Wasser dabei, ist es gerade richtig. Wem schon mal gegen Ende einer Wanderung das Wasser ausgegangen ist, der weiß, wovon ich spreche.

19.2 Sicherheit im Umgang mit Geld

Zum Geld abheben benutzt man möglichst Geldautomaten in Bankgebäuden (zum einen, weil man dort direkt einen Ansprechpartner hat, wenn es Probleme mit der Karte gibt, z.B. wenn sie einbehalten wird, zum anderen, weil dann nicht gleich jeder Passant sehen kann, dass man gerade Geld geholt hat). Wenn man an öffentlich zugänglichen Bankautomaten Geld abheben muss, sollte man möglichst Geldautomaten auf belebten Plätzen und bei Tageslicht benutzen.

Man sollte niemals Geld in der Öffentlichkeit zählen oder zwischen den großen Scheinen in der Geldbörse kramen, schon gar nicht, nachdem man aus der Bank kommt oder am Geldautomaten war.

Bei längeren Fernreisen ist es ratsam, mehrere EC- und Kreditkarten dabei zu haben (siehe auch Kapitel 16.4 »Kostenlos Geld abheben am Geldautomat«). Das dient zur Absicherung, falls eine Karte mal nicht funktionieren sollte oder gestohlen wird.

Bei Kreditkarten auf Guthabenbasis sollte der Kontostand immer niedrig gehalten werden und bei Bedarf durch Überweisung vom Girokonto / Tagesgeldkonto aufgefüllt werden. Somit ist bei Diebstahl der Kreditkarte nicht gleich das ganze Geld weg.

Alternativ zu Kredit- oder EC-Karten bieten sich auch Traveller-Schecks an. Es ist damit zwar etwas aufwändiger, an Bargeld zu kommen, weil man damit an den Bankschalter muss, aber dafür kann kein Dieb an Geld kommen (sofern man nicht die Scheckliste dazulegt).

Oft werden Wertsachen und Dokumente von Touristen aufwändig in einer unsichtbaren Bauchtasche versteckt. Benötigt man dann etwas davon, werden die Wertsachen in aller Öffentlichkeit aus dem Geheimversteck hervorgekramt. Darum sollten benötigtes Bargeld, Karten oder Dokumente rechtzeitig an einem sicheren Ort (z.B. Toilette) aus dem Geldgürtel in leichter zugängliche Taschen transferiert werden. Am besten ist es allerdings, nur so viel Geld mitzunehmen, wie man wirklich benötigt. Oft genügen ein paar kleine Scheine, die man sich in die Hosentasche steckt (nicht hinten, sondern vorne). Die Kreditkarte für den Nachschub kann man beispielsweise auch im Schuh verstecken.

Im Falle eines Raubüberfalls geht es in erster Linie darum, Leib und Leben zu schützen. Um den Forderungen der Diebe nachkommen zu können, sollte man immer eine kleine Menge Bargeld in der Hosentasche mit sich tragen. Ideal ist eine

Geldbörse mit etwas Bargeld und einer abgelaufenen oder ungültigen Kreditkarte, die man dem Dieb aushändigen kann.

Man sollte sich zur Angewohnheit machen, bei Besuchen im Internetcafé häufig die Kontobewegungen anzusehen bzw. die Kontoauszüge zu überprüfen. Dann kann man frühzeitig reagieren, falls jemand die Kartendaten missbraucht hat (siehe auch Kapitel 16.6 »Online-Banking und Datensicherheit«).

Nicht in jedem kleinen Kaff gibt es einen Geldautomaten. Bevor man in abgelegenere Gebiete (insbesondere Inseln) fährt, sollte man immer prüfen, wo Geldautomaten verfügbar sind. Gegebenenfalls muss man sich ansonsten vorher mit Bargeld eindecken. VISA und Mastercard bieten eine weltweite Geldautomatensuche im Internet an:

www.visa.de
➔ Visa für Privatkunden ➔ Geldautomatensuche

www.mastercard.de
➔ Geldautomatensuche

Generell empfiehlt es sich nicht, mit dem Geldabheben bis zum letzten Moment zu warten. Gerade in nicht so entwickelten Ländern kommt es öfter vor, dass Geldautomaten nicht funktionieren, etwa weil sie leer sind (oft am Wochenende, wenn die Einheimischen auch in den Touristengebieten unterwegs sind und sich mit Bargeld eindecken) oder der Zugriff auf die internationale Kontenstandabfrage nicht verfügbar ist.

20 Homebase

Eine Vertrauensperson zu Hause, die die Post öffnet und sich um alles kümmert, war für uns auf unseren beiden längeren Reisen unverzichtbar. Man weiß nie, wer etwas von einem will und irgendwohin muss man sich ja auch die Post schicken lassen.

Natürlich muss man dazu allen Stellen, von denen man Post zu erwarten hat, die Adresse der Homebase bekannt geben. Der Arbeitgeber, der Vermieter und der Untermieter sollten zusätzlich die Telefonnummer der Vertrauensperson haben. Da man davon ausgehen kann, dass die Adressänderung immer in dem einen oder anderen Fall nicht funktioniert, haben wir zusätzlich einen Nachsendeauftrag eingerichtet. In unserem Fall haben trotz der Mitteilung über die Adressänderung viele Behörden die alte Anschrift benutzt (und den Hinweis unserer Vertrauensperson auf die neue Adresse nicht akzeptiert), insofern war der Nachsendeauftrag sehr hilfreich. Diesen kann man online beantragen unter

www.efiliale.de
➔ Nachsenden lassen

Den Nachsendeauftrag kann man entweder für 6 oder für 12 Monate abschließen. Als Grund für die Abwesenheit gibt man entweder »Umzug« oder »vorübergehende Abwesenheit« an. Der Unterscheid besteht darin, dass bei Nachsendeaufträgen mit dem Grund »Umzug« Post, die den Vermerk »Bei Umzug mit neuer Anschrift zurück!« nicht nachgesendet, sondern an den Absender zurückgesandt wird.

Gibt man den Grund »vorübergehende Abwesenheit« an, werden auch Briefe mit dem Vermerk »Bei Umzug mit neuer Anschrift zurück!« nachgesendet. Trägt der Brief den Vermerk »Nicht nachsenden!«, wird der Brief in keinem Fall nachgesendet, auch nicht bei einem Nachsendeauftrag mit dem Grund »vorübergehende Abwesenheit«.

Wir haben meiner Schwester eine Generalvollmacht ausgestellt, so dass sie alle unsere Konten hätte leerräumen können, wenn sie gewollt hätte;-) Ein Muster für eine solche Generalvollmacht ist im Anhang beigefügt.

Die Vertrauensperson sollte auch mit einer Vollmacht bzw. den Onlinebanking-Passwörtern für die Konten ausgestattet werden, so dass sie Überweisungen auf das Konto vornehmen kann, auf das man im Ausland Zugriff hat (z.B. Kreditkarten-konto).

Für den normalen Schriftverkehr haben wir einige Blätter weißes Papier blanko unterschrieben. Darauf kann dann einfach der entsprechende Brief gedruckt werden. Dies erspart bei normaler Korrespondenz die Erklärung des Sachverhalts, dass wir im Ausland sind und die Vorlage der Vollmacht.

Zusätzlich haben wir unsere Unterschriften eingescannt, so dass diese auch auf vorgefertigte Formulare gedruckt werden konnten.

21 Gepäck / Packliste

Viele haben uns gefragt: Wie macht Ihr das eigentlich mit Eurem Gepäck? Da wir in Australien mit einem eigenen/gemieteten Auto unterwegs waren, mussten wir uns über unser Gepäck zumindest am Anfang nicht so viele Gedanken machen. Wir mussten unsere Rucksäcke nur vom Gepäckband zum Flughafenbus tragen und das war's mehr oder weniger. Reist man mit öffentlichen Verkehrsmitteln, ist diese Frage allerdings von enormer Wichtigkeit, da man seine Sachen quasi immer dabei hat und da kommt es schon darauf an, dass man mit dem Rucksack auf dem Buckel auch noch ein paar Schritte laufen kann. Zuviel Gepäck kann echt nervig und belastend sein.

Wahnsinnig einschränken mussten wir uns bei der Auswahl der Dinge, die wir mitnehmen wollten, nicht. Wir haben kaum dicke Sachen eingepackt, da es in Australien warm sein würde und wir warme Sachen ansonsten jederzeit nachkaufen können. Auch ansonsten haben wir keine riesige Auswahl an Klamotten eingepackt. Gerade was das Gepäck angeht, kann ich gar nicht oft genug betonen: Weniger ist mehr! Der Trick ist, die Klamotten so auszuwählen, dass sie verschiedenen Zwecken dienen können, z.B. unauffällige Sportschuhe zum Joggen, zum Wandern und für die Stadt; bequeme Freizeithose zum Sport, zum Schlafen, zum Wandern und für die Stadt; Sarong-Tücher zum Überziehen am Strand und auf dem Campingplatz sowie als Decke fürs Picknick oder am Strand usw..

Ich hatte bspw. dabei:

21.1 Klamotten

ca. 10 T-Shirts bzw. Tops, 2 langärmelige T-Shirts, 1 Kapuzenpulli, 1 Jeans, 2 Outdoor-/Zipp-/Wanderhosen, 1 Jogginghose zum Schlafen, 4 kurze Hosen, ca. 14 Unterhosen (ich will nicht waschen müssen, weil ich keine Unterhosen mehr habe, die nehmen am wenigsten Platz weg), 4 BHs, ca. 5 Paar Socken, 1 Softshell-Jacke, 1 Multifunktionsjacke.

21.2 Waschbeutel

Wir hatten eigentlich erst vor, kein Duschgel, Shampoo etc. einzupacken, da man das an jeder Ecke kaufen kann. Wir haben es dann aber doch gemacht, weil noch Platz war und wir keine Lust hatten, am ersten Tag gleich einen Supermarkt zu suchen und einkaufen zu gehen. Wir waren auch ganz froh darüber.

21.3 Hand- und sonstige Tücher

Jeder von uns hatte 2 kleine Handtücher dabei. Badetücher für den Strand haben wir nicht eingepackt, dafür müssen immer die Decken aus dem Flugzeug herhalten. Man kann aber auch die dünnen Thai-Tücher (Sarongs) nehmen, die man überall kaufen kann. Hand- und Badetücher nehmen generell sehr viel Platz weg.

21.4 Elektronisches Equipment

Kamera
Netbook
iPod / MP3-Player
diverse Kabel und Ladegeräte
Handys
Adapter / Reistecker

Was das Elektronik-Equipment angeht, halte ich es für eine gute Idee, die Dinge so auszuwählen, dass man sie auch mit sich herumtragen kann. Eine riesen Spiegelreflexkamera ist für einen ambitionierten Fotografen vielleicht ein Muss. Andererseits ist es vielleicht nicht so schlau, mit der Kamera vor dem Bauch durch eine südamerikanische Großstadt zu laufen oder auch nur jedes Mal einen Rucksack nur für die Kameraausrüstung mitnehmen zu müssen, abgesehen davon dass es nervig sein kann, immer einen Rucksack mitzunehmen. Eine kleine kompakte Kamera kann man in die Hemd- oder Hosentasche stecken, man kann sie immer dabeihaben und hat dadurch auch die Chance, unerwartete Fotomotive zu erwischen, die man sonst vielleicht verpasst hätte, wenn man die Kamera nur zu größeren geplanten Ausflügen mitnimmt. Auch in Sachen Laptop waren wir oft froh, nur ein kleines Gerät dabeizuhaben, das man einfach in die Umhängetasche stecken kann. Damit kann man dann auch locker mal ein paar Stunden in der Stadt herumlaufen.

Zum Thema »Laptop mitnehmen oder nicht« siehe Kapitel 17.2 »Laptop / Internet«.

21.5 Dokumente

Reisepass
Führerschein
internationaler Führerschein
Impfpässe
Police für Auslandskrankenversicherung
Kredit- und EC-Karten
Bonusheft vom Zahnarzt
Bescheinigung der Kfz-Versicherung
gefaktes Portemonnaie mit abgelaufenen Karten

21.6 Sonstiges

Taschen-/Stirnlampe,   Brillen,   Reiseführer,   Tagebücher,
Adressbuch, Kappen

21.7 Funktionskleidung

Wir haben uns keine spezielle Funktionskleidung gekauft,
sondern unsere ganz normalen Pullis, Hosen und Jacken
mitgenommen, die wir zuhause hatten. Wenn man natürlich
beispielsweise keine regenfeste Jacke hat, spricht nichts
dagegen, sich vorher eine zuzulegen. Ich persönlich glaube
aber nicht, dass es notwendig ist, eine Großbestellung im
Outdoorladen aufzugeben und sich für die Reise spezielle
Klamotten oder Gegenzustände zu besorgen. Das gilt
natürlich nur, wenn man wie wir keine Extremtouren vorhat.

21.8 Wie packt man?

Zum Packen ist noch zu sagen, dass es sich empfiehlt, kleine Tüten (wenn möglich in unterschiedlichen Farben) zu verwenden, in die man Kleinteile wie Unterwäsche, Socken und Elektronikkleinkram packt, so dass man diese schneller findet und nicht auf der Suche nach einer Unterhose den ganzen Rucksack auspacken muss.

21.9 Schuhe

Da Schuhe mit den größten Platz im Gepäck beanspruchen, möchte ich auf die Auswahl der Schuhe, die man mitnehmen muss, kurz eingehen. Wie bereits erwähnt hat man ein großes Einsparpotential, wenn man nicht für jede Gelegenheit einen speziellen Schuh einpackt, sondern Schuhe mitnimmt, die sich für verschiedene Einsatzgebiete eignen. Natürlich kommt es auch auf die Jahreszeit und die geplanten Aktivitäten an. Wird man sich eher in Thailand am Strand aufhalten, hin und wieder in einer Stadt umherlaufen, aber keine größeren Wandertouren unternehmen? Dann wird man sicherlich die meiste Zeit in Flip-Flops herumlaufen und muss keine Bergstiefel einpacken.

Reist man durch Gegenden, in denen es durchaus mal kühl werden kann und hat dazu noch vor, anspruchsvolle Wanderungen im Gebirge zu unternehmen? Dann wird man auf gute, knöchelhohe Wanderschuhe nicht verzichten wollen.

Unser Bestreben war es, in den von uns bereisten Ländern möglichst immer eine gute Reisezeit (sprich: Sommer) zu haben. Wenn es sich anbot, haben wir immer mal wieder moderate Wanderungen unternommen. Somit sind wir am besten gefahren mit einer Kombination aus unseren heiß geliebten Flip Flops, die wir zu 90% getragen haben und niedrigen Wanderschuhen, die wir immer dann getragen haben, wenn festes Schuhwerk gefragt war (beim Wandern, schlechtem Wetter und wenn Flip Flops nicht salonfähig waren).

Statt der Wanderschuhe gehen auch Turnschuhe / Jogging-schuhe. Meine waren schwarz und hatten den Vorteil, dass man damit in der Stadt oder abends beim Weggehen nicht so auffällt und natürlich kann man damit auch tatsächlich mal Joggen gehen.

Zusätzlich hatte ich noch ein paar alte Trekking-Sandalen dabei, die ich aber nur trug, um über felsiges / mit Muscheln besetztes Gelände ins Wasser zu kommen oder generell, wenn ich durch nasses Gelände laufen musste.

Am Anfang der Reise hatten wir zusätzlich zu den Turn-schuhen noch hohe Wanderstiefel dabei. Die haben wir aber kaum gebraucht und haben sie bei unserem Treffen meiner Schwester mitgegeben.

Besondere Freizeitschuhe wie Sneakers sind zwar in der Stadt ein bisschen schicker und man outet sich nicht sofort als Backpacker, aber den Platz kann man sich im Rucksack eigentlich für andere Dinge sparen.

21.10 Schlafsack

Ein weiteres Thema, über das wir uns beim Packen Gedanken gemacht haben, waren die Schlafsäcke: Brauchen wir die oder nicht? Wir haben sie letztendlich sicherheitshalber mit-genommen, würden aber rückblickend sagen, dass wir sie nicht gebraucht hätten. Wir haben sie ein paar Mal benutzt, aber mehr aus Bequemlichkeit. Wir hatten nie die Situation, dass wir überhaupt keine Decken hatten. In unserem gekauften Auto in Australien waren Decken dabei, in den beiden gemieteten sowieso und später waren wir in Hostels, da gibt es natürlich auch Decken. Manchmal ist in den Hostels aufgrund von Problemen mit Bettwanzen die Benutzung des eigenen Schlafsacks sogar verboten.

Sicherlich ist es etwas anderes, wenn man zelten will und kein Auto (oder nur einen Mietwagen) hat. Aber dann muss man sich sowieso ganz anders ausrüsten.

21.11 Bücher

Keinesfalls sollte man allzu viele Bücher mitnehmen. Es gibt fast in jedem Hostel und auch auf vielen Campingplätzen die Möglichkeit, Bücher auszutauschen. Meist sind diese dann zwar auf Englisch, manchmal hat man aber Glück und findet auch deutsche Bücher und außerdem schadet es ja auch nicht, gleich ein bisschen englisch zu üben.

Eine Alternative zu den klassischen Büchern sind mittlerweile auch ebooks.

21.12 Maskottchen

Eine Idee, die wir dann aber mangels Erfolg aufgegeben haben, war, ein Maskottchen mit auf unsere Reise zu nehmen, das uns überall hin begleitet und für uns vor den Sehenswürdigkeiten Modell steht, wenn wir mal keine Lust haben, immer selbst fotografiert zu werden. Wir wollten aber kein niedliches Maskottchen, weil uns das zu langweilig war, sondern ein hässliches. Leider haben wir kein passendes gefunden und letztendlich haben wir dann unsere Energie auch lieber in wichtigere Dinge gesteckt;-)

21.13 Rucksack oder Trolley

Der Vollständigkeit halber müsste es eigentlich heißen »oder Koffer«, aber ich gehe hier mal davon aus, dass ein Koffer für eine Weltreise (oder eine halbe) eher nicht in Frage kommt, aber wer weiß? Es kommt ja immer darauf an, was man vorhat. Wie immer im Leben hat alles seine Vor- und Nachteile.

Am komfortabelsten ist eigentlich ein Rollkoffer oder ein Trolley. Die Klamotten können darin ordentlich verpackt werden und man kommt gut an seine Sachen ran. Beim Rucksack stopft man ja alles oben rein und wenn man etwas von ganz unten braucht, muss man schon ein wenig wühlen und vorbei ist es mit der Ordnung und den faltenfreien Klamotten. Außerdem muss man Rollkoffer oder Trolley nicht tragen, sondern zieht sie einfach hinter sich her. Das kostet nicht viel Kraftaufwand. Allerdings hört es mit dem Komfort schon auf, wenn man das Teil eine Treppe hoch oder runter ziehen muss, eine Strecke über den Strand oder andere ungeteerte Flächen zurücklegen muss oder damit einen Bus, ein Boot oder sonstiges besteigen muss. Dann wird es doch ein wenig unhandlich.

Ist man überwiegend oder ausschließlich mit einem eigenen Fahrzeug unterwegs, ist gegen einen Koffer oder Trolley überhaupt nichts einzuwenden. Hat man vor, sich mit öffentlichen Verkehrsmitteln zu bewegen oder möchte man sich die Entscheidung offen halten, würde ich immer einen Rucksack empfehlen, da man damit nichts falsch machen kann.

Da bei unserem Reisebeginn nur der erste Teil, nämlich Australien, recht klar war und wir für den weiteren Verlauf noch nicht wussten, wie wir uns am besten fortbewegen werden, haben wir so gepackt, dass wir auf alle Fälle auch als Backpacker unterwegs sein können, d.h. wir sind nicht mit

Koffern oder Trolleys gereist, sondern mit Rucksäcken: Jeder ein großer Rucksack, den er noch alleine tragen kann und ein Tagesrucksack und das war's. Einer vorne und einer hinten, wie ein Sandwich.

21.14 Handgepäck

Was man ins Handgepäck packen sollte, muss ich an dieser Stelle ja nicht erklären. Man sollte nur darauf achten, dass es für das Handgepäck eine Maximalgröße gibt, die man einhalten muss. Außerdem darf man nur ein Stück mit in die Kabine nehmen. Soweit die Theorie. In der Praxis haben wir festgestellt, dass darauf anscheinend nicht wirklich geachtet wird, wenn man sieht, was manche Leute so in die Kabine schleppen. Da hat man das Gefühl, die haben überhaupt kein Gepäck aufgegeben. Und eine Handtasche zählt scheinbar auch überhaupt nicht als Gepäckstück, d.h. zusätzlich zur Handtasche kann man auch noch einen riesen Rucksack mit reinnehmen. Wir hatten ursprünglich überlegt, unseren »mittelgroßen« Trekking-Rucksack als Handgepäck mitzunehmen, damit wir einen Rucksack für Mehrtageswanderungen haben, haben ihn dann aber zuhause gelassen, weil er größer als die erlaubte Größe war. War vielleicht auch ganz gut so, er wäre bei dem Autoaufbruch wahrscheinlich geklaut worden und das hätte uns sehr geärgert, da er nagelneu war.

22 Zusammenstellung der Route

22.1 Wieviel Zeit - wie viele Orte?

Manche wissen von Anfang an, welche Länder sie bereisen möchten, bei anderen wird die Route erst im Laufe der Planungen konkret. Sicher ist, dass die Wahl der Route von vielen verschiedenen Faktoren abhängt: Möchte man mit einem Round-the-World-Ticket reisen, ist dadurch möglicherweise eine Route vorgegeben. Möchte man mit One-Way-Tickets reisen, lohnt es sich, vorab die Flugstrecken zu recherchieren, um herauszubekommen, welche Verbindungen es gibt und wie die Preise sind. Nicht zuletzt hängt die Planung natürlich auch von der Zeit ab, die für das Projekt zur Verfügung steht. Dabei sollte man berücksichtigen, dass die Zeit, die man für das Zurücklegen einer Strecke benötigt, in den verschiedenen Ländern stark variieren kann.

Ein Fehler, den viele Reisende machen, ist, dass sie in die ihnen zur Verfügung stehende Zeit so viel wie möglich hineinpacken wollen, eine Sehenswürdigkeit nach der anderen abklappern, nichts wirklich kennenlernen und irgendwann auch gar nichts mehr aufnehmen können. Irgendwann fängt man an, Orte zu verwechseln oder kann sich nicht mehr an die Namen erinnern. Die Eindrücke, die man gewinnt, sind oberflächlich und verwischen nach einiger Zeit. Es ist eine Illusion, dass man alles sehen kann, »wenn man schon einmal hier ist«. Man wird sowieso niemals alles sehen. Also kann man genauso gut länger an einem Ort bleiben. An einem Ort zu *sein* ist viel besser als zehn Orte nur zu sehen.

Folgende Kriterien sollten bei der Zusammenstellung der Route außerdem berücksichtigt werden:

22.2 Reisezeit / Klima

Optimalerweise reist man immer dem Sommer bzw. der Trockenzeit hinterher. Auf diese Weise hat man das meiste von der Reise. Leider lassen sich in der Praxis die Reiseziele aber nicht immer so gut miteinander verbinden. Selbst wenn man nicht immer die beste Reisezeit erwischen kann (die beste Reisezeit ist ja i.d.R. auch die teuerste), sollte man zumindest darauf achten, dass man keine richtig schlechte Reisezeit erwischt, d.h. eine Zeit, in der das Reisen gefährlich (Hurrican- oder Monsun-Saison), sehr unangenehm (zu heiß, um sich zu bewegen oder zu kalt) oder sinnlos ist (Regenzeit). Im schlimmsten Fall kann man überhaupt nichts unternehmen, hat den langen, teuren Flug umsonst gemacht und wird das Land in schlechter Erinnerung behalten.

Um herauszufinden, wann in den von uns anvisierten Ländern jeweils eine gute Reisezeit ist und wie man die Länder (erst einmal nur unter dem Klima-Aspekt, ohne Beachtung der Flugrouten) gut miteinander verbinden kann, haben wir uns aus dem Internet und aus Reiseführern herausgesucht, in welchen Monaten eine gute Reisezeit ist und dies in einer Tabelle dargestellt. Die Länder stehen in einer Spalte untereinander, die Monate Januar bis Dezember in einer Reihe nebeneinander. Ist in dem jeweiligen Land in einem Monat eine gute Reisezeit, habe ich das in der Tabelle mit »+« gekennzeichnet; eine sehr gute bzw. die beste Reisezeit ist mit »++« versehen. Der Monat, den man in dem Land verbringen möchte, wird farbig hinterlegt. Plant man mehrere Monate in einem Land, sind eben mehrere Kästchen farbig. So kann man die Länder in eine Reihenfolge bringen, die sowohl von der Route als auch vom Klima her am besten passt. Manchmal kann man durch Verlängerung oder Verkürzung des Aufenthalts noch eine gute Reisezeit erwischen.

Land	September	Oktober	November	Dezember
Australien Darwin	++	+		
Australien Perth	++	++	++	+
Tasmanien		++	++	++
Australien Sydney	++	++	++	+

22.3 Erreichbarkeit / Verbindungen

Abgesehen vom Klima muss man natürlich berücksichtigen, ob die Länder in der gewünschten Reihenfolge überhaupt erreichbar sind. Gerade wenn man ein Round-the-World-Ticket (näheres dazu unter »(A)round-The-World-Ticket (RTW)«) in Erwägung zieht, ist dieser Aspekt nicht zu unterschätzen.

Gute und günstige Verbindungen von Europa existieren grundsätzlich nach Nordamerika und Asien. Von Singapur und Bangkok kommt man sehr gut weiter nach Australien. Ungünstig (aber nicht unmöglich, wir haben es ausprobiert!) ist es, von Australien nach Mittel- bzw. Südamerika zu fliegen. Generell ist es schwieriger, Ziele auf der Südhalbkugel miteinander zu verbinden.

22.4 Lebenshaltungskosten

Die Lebenshaltungskosten in den jeweiligen Ländern sind sehr unterschiedlich und variieren innerhalb eines Landes oft, je nachdem, ob man sich in einer Großstadt, in touristischen Hochburgen, auf Inseln oder aber auf dem Land aufhält. Man kann aber generell sagen, dass es tendenziell teure (z.B.

Japan) und günstige (z.B. Indien) Länder gibt. Die Preisunterschiede betragen oft ein Vielfaches. Bei der Kalkulation des Reisebudgets sollte man sich daher unbedingt mit Hilfe von Reiseführer oder Internet einen Überblick über die ungefähren Ausgaben pro Tag verschaffen. Dabei möchte ich dazu raten, die dort angegebenen Tagesbudgets nur als Mindestbetrag anzusehen. Oftmals sind die Angaben für absolute Budget-Traveller gedacht. Möchte man nicht immer im 10er-Dorm schlafen und sich nicht jeden Tag in der Hostel-Küche verpflegen, kommt man in der Regel mit diesen Budgets nicht aus. Abgesehen davon möchte man ja auch einen Puffer haben, wenn man mal eine etwas teurere Tour machen oder abends auch mal ein Bier trinken möchte.

22.5 Sicherheit

Reist man nicht gerade in einer Gruppe, sollte man auf keinen Fall den Sicherheitsaspekt vernachlässigen. Umgekehrt kann es sich gerade in eher unsicheren Ländern anbieten, sich zumindest teilweise einer Gruppe anzuschließen. Als sicher habe ich z.B. Europa, Neuseeland, Australien und Thailand erlebt, während ich z.B. Südafrika und Guatemala als eher unsicher bezeichnen würde.

22.6 Einfache Länder / schwierige Länder

Ein wichtiger Aspekt beim individuellen Reisen ist natürlich die Frage, wie einfach oder schwierig individuelles Reisen in dem jeweiligen Land ist. Wie gut ist die touristische Infrastruktur entwickelt? Muss mit Schwierigkeiten beim Transport, der Suche nach einer Unterkunft, der Versorgung mit dem täglichen Bedarf gerechnet werden? In Ländern, in denen der Tourismus (noch) nicht sehr stark entwickelt ist, kann es schwierig sein, Informationen über Sehenswürdigkeiten, Transportmöglichkeiten etc. einzuholen. Abhängig von der persönlichen Erfahrung im Backpacking kann die Reise zur Katastrophe werden, weil man überfordert ist, unter Stress steht, in schwierige Situationen kommt. Oder es ist eine spannende Herausforderung, die das Reisen erst interessant und unvergesslich macht. Sicher hängt die Antwort auch davon ab, ob man die Landessprache spricht oder ob man in dem Land mit englisch durchkommt.

Eine Kombination, die das Reisen außerdem zu einem Alptraum werden lassen kann ist Armut + Tourismus. In der Regel muss man als Tourist in armen Ländern damit rechnen, dass man ständig belästigt wird, weil man bitteschön etwas kaufen soll. Das können Kinder sein, die einem auf dem Markt oder der Straße hinterherlaufen und selbstgefertigte Gegenstände verkaufen wollen. Weniger harmlos wird es aber, wenn man Drogen angeboten bekommt oder es zu Betrug oder gar Gewaltverbrechen kommt.

In schwierig zu bereisenden Ländern wird man nicht darum herumkommen, einzelne Ziele im Rahmen von Touren zu besichtigen. Von den Ländern, die ich selbst bereist habe, würde ich Australien, Neuseeland, die USA und Thailand zu den einfach zu bereisenden Ländern zählen, eventuell auch noch Mexiko und Südafrika, wobei dort die Kriminalität ein Problem darstellt. Schwierig fanden wir es als Individualreisende in Jamaika (hier vollem der Aspekt Belästigung) und der Dominikanischen Republik. In Guatemala waren die Möglichkeiten zur Weiterreise begrenzt. Wenn sie vorhanden waren, haben sie aber gut funktioniert und das Angebot an Unterkünften war ausreichend.

22.7 Wie bereite ich mich auf ein Land vor?

Je nachdem, was für ein Typ man ist, verbringt man entweder Wochen und Monate mit dem Lesen von Reiseführern oder man steigt einfach in den Flieger und lässt sich überraschen. Dass es nicht unbedingt zu empfehlen ist, sich gar nicht vorzubereiten, ist klar. Andererseits kann man aber auch zuviel über ein Reiseziel lesen. Je mehr Beschreibungen von Sehenswürdigkeiten und je mehr Reiseberichte man liest, desto höher und konkreter sind die Erwartungen und es wird tendenziell schwerer, sich eine eigene, vielleicht völlig abweichende Meinung von einem Reiseziel zu bilden.

23 Welches Flugticket

Meiner Meinung nach beeinflusst die Art des Tickets maß-
geblich die Art des Reisens. Je nach zur Verfügung stehender
Zeit oder Sicherheitsbedürfnis wird man sich für das eine
oder andere entscheiden.

23.1 (A)round-The-World-Ticket (RTW)

RTWs werden von Airline-Verbünden angeboten, die ein
bestimmtes Streckennetz abdecken. Innerhalb dieses
Streckennetzes muss man seine Flüge auswählen und buchen,
und zwar bereits mit Buchung des Tickets konkret von wo
nach wo und wann. Die Flüge können i.d.R. nachträglich
zeitlich verschoben werden - die Route ist aber fix. Möchte
man diese nachträglich ändern, kann es teuer werden.

Man kann davon ausgehen, dass RTWs günstiger sind als
wenn man alle Flüge einzeln kaufen würde. Es wird
unterschieden zwischen RTWs, die nach Meilen abrechnen
und solchen, bei denen eine bestimmte Anzahl von Flügen
frei ist. RTWs sind i.d.R. für höchstens 12 Monate gültig und
vor allem dann ziemlich günstig, wenn man sich an die
»Rennstrecken« und Flüge innerhalb des Verbundnetzes hält.
Teurer kann es werden, wenn man außerhalb der klassischen
Strecken reisen möchte oder gar einzelne Flüge separat dazu-
buchen muss, weil sie von der Allianz nicht angeboten
werden.

Der Vorteil beim RTW ist, dass man sich nie wieder um Flugtickets Gedanken machen muss, auch nicht um Weiterreise-
nachweise oder ein Rückflugticket als Nachweis bei der
Einreise. Außerdem hat man ein gewisses Gerüst, um das

herum man seine Reise planen kann. Der Nachteil ist, dass man bezüglich der Route festgelegt und auf 12 Monate Reise beschränkt ist.

23.2 One-Way-Tickets

Kauft man sich die Tickets als One-Way-Tickets vor Ort, dann muss man nicht schon zu Beginn der Reise entscheiden, wann man von wo aus wieder nach Hause fliegen will: Man kann reisen, solange und wohin man möchte. Und man muss alle Details seiner Reise nicht im Vorfeld festlegen, sondern kann von Land zu Land entscheiden, wohin man als nächstes reisen möchte. Uns schien es ein Ding der Unmöglichkeit, von vornherein sagen zu müssen, wann wir an welchem Ort auf der Weltkugel in welches Flugzeug steigen möchten. Uns war wichtig, dass wir auf der Reise größtmögliche Freiheit haben und wir hatten das Gefühl, uns mit einem RTW einzuschränken. Daher kam für uns nur in Frage, mit One-Way-Tickets zu reisen, d.h. wir haben uns unser nächstes Ticket immer erst vor Ort gekauft.

Der Nachteil ist, dass man - wenn man die Tickets wirklich immer erst kurz vorher kauft - nie über einen Weiterreise-nachweis verfügt, den viele Länder in ihren Einreisebestimmungen vorsehen. Wie man das Problem lösen kann, ist unter den einzelnen Ländern im Kapitel 24.2 »Rückflugticket« aufgeführt.

23.3 Tickets individuell zusammenstellen

Möchte man die Vorteile des RTWs (Vorhandensein eines Weiterreisenachweises, fertiges Gerüst für die Reise, keine Organisation von Flügen unterwegs) mit dem Vorteil der One-Way-Tickets (Route nach den eigenen Wünschen individuell zusammenstellbar) kombinieren, gibt es noch die Möglichkeit, die einzelnen Flüge bereits zuhause zu buchen. Gerade wenn man eine Route plant, die mit einem RTW nur durch das Hinzukaufen von Extraflügen realisierbar ist, ist das eine gute Option.

24 Einreisebestimmungen

Die erste Anlaufstelle für Informationen über Einreisebestimmungen ist das Auswärtige Amt (www.auswaertiges-
amt.de) Hier findet man offizielle und zuverlässige
Informationen über alle Länder, die man bereisen möchte.

24.1 Visum

Für die meisten Länder benötigen EU-Bürger als Tourist kein
Visum, wenn sie sich nicht länger als 90 Tage dort aufhalten
wollen. Falls man doch eines braucht oder sich in einem Land
länger als 90 Tage aufhalten möchte, ist auf der Website des
Auswärtigen Amts bzw. auf den jeweiligen Webseiten der
Länder nachzulesen, wie und wo man das Visum beantragt.
Die entsprechenden Informationen sollte man sich frühzeitig
besorgen und nachfragen, wie lange es dauert, bis das Visum
erteilt wird.

Australien:

Für die Einreise nach Australien benötigt man ein Visum, das
jedoch bei einem Aufenthalt von maximal 90 Tagen
problemlos durch das Reisebüro, über das man den Flug
bucht, kostenlos beantragt werden kann. Möchte man sich
länger in Australien aufhalten, gibt es als Tourist die
Möglichkeit, ein Visum für 6 oder 12 Monate zu beantragen.
Das Visum wird online beantragt und elektronisch ausgestellt,
d.h. man bekommt keinen Stempel in den Pass, sondern muss
nur in einem Online-Formular ein paar Fragen beantworten,
seine Passnummer angeben und die Gebühr per Kreditkarte
bezahlen (Kosten für ein 12-Monatsvisum = 105 AUD (ca. 76
Euro)). Nachdem man den Antrag abgeschickt hat, wird man

aufgefordert, ausreichende Geldmittel nachzuweisen. Mit einem aktuellen Kontoauszug als pdf-Dokument war das erledigt. Innerhalb weniger Tage hatten wir unser Visum.

24.2 Rückflugticket

Die Einreisebestimmungen der meisten Länder sehen vor, dass man ein Rück- oder Weiterflugticket nachweisen muss. Diesen Nachweis muss man bereits beim Einchecken erbringen, da die Airlines das Risiko ausschließen wollen, jemanden auf eigene Kosten wieder mit zurück nehmen zu müssen, weil er nicht einreisen darf.

Reisende mit einem normalen Hin- und Rückflug-Ticket oder mit einem RTW müssen sich über einen Weiterreisenachweis keine Gedanken machen. Wer mit One-Way-Tickets reist, muss jedoch die Vorschriften kennen und sich entsprechend darauf vorbereiten.

Grundsätzlich haben wir immer dann, wenn nichts ausdrücklich über Rückflugtickets in den Einreisebestimmungen stand, bei der zuständigen Botschaft nachgefragt. Uns wurde jedes Mal geantwortet, manchmal sogar innerhalb weniger Stunden, manchmal hat es einige Tage gedauert.

Zunächst ist es wichtig zu unterscheiden, ob von einem Rückflugticket oder nur einem Weiterreisenachweis gesprochen wird.

Ein Rückflugticket bedeutet tatsächlich ein Flug nach Deutschland. Der Hintergrund ist, dass man ein Ticket in ein Land vorlegen muss, in dem man sich ohne Einschränkung aufhalten darf. Als EU-Bürger würde somit auch ein Flug in ein anderes EU-Land ausreichen.

Bei einem Weiterreisenachweis kann ein Ticket ins Nachbarland ausreichen. Da man, wenn man mit One-Way-Tickets reist, gerade kein Heimflugticket nach Deutschland besitzt, soll es angeblich möglich sein, sich zusätzlich zu dem Ticket in das Land, in das man reisen möchte, ein separates Ticket von demjenigen Land nach Deutschland zu kaufen, das zu 100% erstattungsfähig (refundable) ist. Diese Tickets sind zwar sehr teuer, aber man gibt sie ja, wenn man dort angekommen ist, bei der Airline wieder zurück und bekommt das Geld erstattet.

Unsere Anfrage in verschiedenen Reisebüros in Australien ergab jedoch, dass es solche Tickets so gut wie nicht (mehr) gibt und eigentlich immer eine Stornogebühr anfällt. In dem konkreten Fall, für den wir nachgefragt hatten, waren es umgerechnet ca. 87 Euro. Da wir das Ticket nur für einen einwöchigen Abstecher in die USA gebraucht hätten, war uns das zu teuer und wir haben es gelassen. Es lohnt sich aber, im konkreten Fall danach zu fragen, es gibt Leute, die davon berichten, dass es bei ihnen geklappt hat.

Teilweise aufgrund ohnehin feststehender Reiseplanung, teilweise aber auch, um den Einreisebestimmungen gerecht zu werden, haben wir uns immer vor der Einreise in ein Land bereits das Ausreiseticket in das nächste Land besorgt, so dass wir mit unserer Reiseplanung zwar immer schon den nächsten Schritt festgelegt hatten, aber dennoch relativ flexibel waren.

Zwar ist unsere Erfahrung, dass nicht in allen Ländern tatsächlich am Flughafen nach einem Weiterreisenachweis gefragt wird. Tatsächlich wurden wir nur und zwar jedes Mal in den USA danach gefragt. Komischerweise nicht bei der *Einreise* in die USA, sondern beim *Abflug* von den USA. Die schauen bekanntermaßen etwas genauer hin und in den übrigen Ländern scheint man die Bestimmungen vielleicht auch nicht so gut zu kennen.

Dennoch raten wir dringend davon ab, es darauf ankommen zu lassen und es ohne den entsprechenden Nachweis zu probieren. Im schlimmsten Fall wird man genötigt, vor Ort ein Ticket zu kaufen und man kann davon ausgehen, dass man das nicht zu einem Schnäppchenpreis bekommt. Unter Umständen kann es einem aber auch passieren, dass man überhaupt nicht befördert wird und am Flughafen stehen gelassen wird und das bereits bezahlte Ticket futsch ist.

Australien

Australien ist eines der wenigen Länder, die keinen Nachweis über ein Rück- oder Weiterflugticket verlangen. Nach Auskunft der Botschaft sollte man aber darauf vorbereitet sein, ausreichende Geldmittel nachzuweisen.

Guatemala

Weder auf der Internetseite des Auswärtigen Amts noch auf der Seite der guatemaltekischen Botschaft haben wir eine Information darüber gefunden, ob ein Rückflugticket verlangt wird oder nicht. Nach Auskunft der Botschaft sollten wir keine Probleme bei der Einreise haben und so war es auch. Allerdings besaßen wir, als wir nach Guatemala geflogen sind, bereits das Ticket von Mexiko in die Dominikanische Republik.

Belize, Mexiko

Da wir nach Belize und Mexiko über den Landweg eingereist sind, stellte sich für uns die Frage nach dem Rückflugticket nicht.

Dominikanische Republik

In den Einreisebestimmungen steht nichts von Rück- oder Weiterflugticket. Nach Auskunft der Botschaft ist jedoch auf jeden Fall ein Weiterreise- oder Rückflugticket erforderlich.

USA

Wir haben gelernt, dass es sehr wichtig ist, die Einreisebestimmungen der USA zu kennen, da sie eventuell relevant werden können, auch wenn man gar nicht in die USA einreisen möchte, sondern nur einen Flug hat, mit dem man in den USA umsteigen muss. Das liegt daran, dass es keine Transitbereiche mehr gibt. Durch puren Zufall sind wir auf diese Information gestoßen und konnten uns so großen Ärger ersparen.

Für die Einreise in die USA oder die Durchreise durch die USA muss ein Rückflugticket oder ein Weiterflugticket nachgewiesen werden, das nicht in Kanada, Mexiko oder den Karibikinseln enden darf (es sei denn man wohnt dort). Man muss also nachweisen, dass man aus der gesamten Region wieder ausreist.

Das bedeutet zum Beispiel, dass man nicht über die USA in die Karibik reisen darf, wenn man kein Rückflugticket hat. Dass man eigentlich gar nicht in die USA, sondern in die Karibik will, zählt nicht. Sobald man in den USA umsteigen muss und US-amerikanischen Boden betritt, wird so getan, als würde man einreisen und alle Einreisebestimmungen müssen erfüllt werden.

Außerdem muss man vor der Einreise in die USA (oder zum Umsteigen) eine ESTA-Genehmigung online einholen. Diese Einreisegenehmigung ist nicht mit einem Visum zu verwechseln. Sie bedeutet auch nicht, wie der Name vermuten lassen würde, dass es sich dabei um eine Genehmigung handelt, in das Land einreisen zu dürfen. Letztendlich soll die ESTA-Genehmigung nur die grünen Einreisekarten ersetzen, die man früher im Flugzeug ausfüllen musste (obwohl man diese zur Zeit zusätzlich immer noch ausfüllen muss) - durch die Online-Prozedur soll bereits zu einem früheren Zeitpunkt festgestellt werden, ob jemand voraussichtlich die Einreisegenehmigung erhält. Die ESTA-Genehmigung wird in der Regel sofort nach Absenden des Online-Antrags erteilt und ist zwei Jahre lang gültig, so dass man bei einer weiteren Einreise nicht nochmal eine ESTA-Genehmgiung beantragen muss.

Hat man kein Rückflugticket nach Deutschland, gar kein Weiterflugticket oder nur ein Weiterflugticket nach Kanada, Mexiko oder die Karibik oder wird der ESTA-Antrag abgelehnt, ist für die Einreise ein Visum erforderlich. Dies muss man nicht von Deutschland aus beantragen, sondern man kann es auch in dem Land tun, in dem man sich gerade aufhält. Hierbei ist aber zu berücksichtigen, dass die Beantragung einige Wochen dauern kann, man seinen Pass abgeben muss und man einen Termin zur persönlichen Vorsprache braucht. Außerdem sind die Chancen, ein Visum zu bekommen, im Heimatland höher. Hält man sich vor der Einreise in die USA nicht in Deutschland auf, wird noch genauer geprüft, ob man die USA wieder verlässt und in Deutschland noch oder wieder seinen Lebensmittelpunkt hat.

Für uns bedeutete das, dass wir unseren Flug von Mexiko in die Dominikanische Republik nicht über Miami buchen konnten, sondern über Panama ausweichen mussten (glücklicherweise gab es diese Alternativverbindung).

Sehr nervig ist, dass man die o.g. Bestimmungen auch erfüllen muss, wenn man gar nicht in die USA einreisen will, sondern dort nur umsteigen muss. Hat man kein passendes

Rück- oder Weiterflugticket und will auch kein Visum beantragen, bleibt einem nur noch die Möglichkeit, einen anderen Flug zu suchen, der nicht in den USA zwischenlandet.

Ecuador

Ecuador verlangt einen Weiterreise- bzw. Rückflugnachweis. Tatsächlich hat uns am Flughafen aber niemand danach gefragt.

24.3 Pass

Der Reisepass sollte mindestens so lange gültig sein wie die Reise dauern wird. Außerdem sollte man die Einreisebestimmungen der einzelnen Länder dahingehend überprüfen, ob eine bestimmte Gültigkeitsdauer über das Datum der Einreise hinaus verlangt wird. Bestimmte Länder (z.B. USA) verlangen außerdem die neueren (digital lesbaren) Pässe.

24.4 Impfungen

Über gesetzlich vorgeschriebene (z.B. Gelbfieber) und empfohlene Impfungen sollte man sich rechtzeitig auf der Internetseite des Auswärtigen Amtes sowie bei einem Tropenarzt informieren, vor allem wenn man einen Langzeitschutz anstrebt, denn hier sind zwei Auffrischungen innerhalb von 6 Monaten nötig (siehe auch Kapitel 18.1 »Impfbestimmungen«).

25 Fortbewegung

Bevor man sich für eine Fortbewegungsart entscheidet, sollte man sich informieren, was in den Ländern, die man bereisen möchte, üblich ist. Grundsätzlich hat man den wenigsten Stress, wenn man das Transportmittel wählt, das in dem jeweiligen Land am meisten verbreitet ist und am häufigsten von Einheimischen und Touristen benutzt wird. Sicherlich kann man durch Thailand und Südamerika auch mit dem Auto fahren. Wenn es dort aber ein gut ausgebautes, gut organisiertes und funktionierendes Busnetz gibt und ich ohne großen Aufwand Informationen über Busverbindungen bekomme und die gewünschten Ziele erreichen kann, warum soll ich mir dann den Stress machen und mir ein Auto mieten oder mein eigenes verschiffen? Warum soll ich mich in den USA und in Australien mit Bussen herumquälen, die mir vorschreiben, welche Orte ich besuche und in welchen Hostels ich übernachte, wenn es an jeder Ecke Autos und Camper zu mieten gibt (und in Australien der Kauf sogar relativ einfach möglich ist), die mir eine viel größere Freiheit beim Reisen ermöglichen, es mir erlauben, jeden abgelegenen Winkel anzusteuern und mitten in der Natur zu übernachten?

Diese Ansicht mag nicht für jeden gelten und ich möchte auch keinem absprechen, dass z.B. eine Tour durch Südamerika mit dem eigenen Auto Vorteile gegenüber der Busreise hat. Wir sind mit dieser Strategie aber sehr gut gefahren und daher möchte ich sie zur Orientierung anbieten.

25.1 Öffentliche Verkehrsmittel

Die Fortbewegung mit öffentlichen Verkehrsmitteln bietet sich an in Ländern, in denen es gute und preiswerte Busverbindungen gibt und in denen es schwierig ist, mit einem eigenen Fahrzeug unterwegs zu sein.

Es erfordert einen relativ hohen Aufwand an Planung und Vorbereitung. Man muss sich über Busverbindungen und -routen informieren und den Transport zu Sehenswürdigkeiten eventuell selbst organisieren. Dafür ist dies meist die günstigste Art der Fortbewegung, und auf jeden Fall auch die authentischste.

Übernachten muss man da, wo einen der Bus hinbringt. Das muss nicht, kann aber ein Nachteil sein, wenn man nicht auf andere Quartiere ausweichen kann.

Für diese Art der Fortbewegung sind Sprachkenntnisse des jeweiligen Landes sehr hilfreich.

Den Transport mit öffentlichen Verkehrsmitteln empfehle ich für Mittelamerika, Südamerika und Thailand.

25.2 Teilnahme an Touren / Gruppenreisen

Gruppenreisen sind eine gute Alternative zur Fortbewegung in Ländern, die individuell schwierig zu bereisen oder unsicher sind oder deren Sprache man nicht spricht (siehe hierzu auch Kapitel 22 »Zusammenstellung der Route«). Bei Gruppenreisen bieten sich gute Möglichkeiten, Leute kennenzulernen. Reisen mit Gleichgesinnten macht Spaß, gerade wenn man nicht als Paar, sondern alleine reist. Die Reise ist stressfreier, da die tägliche Suche nach einer Unterkunft und die Planung der Weiterreise entfallen.

Für Menschen, die keine Zeit oder Lust für eine aufwändige Vorbereitung haben, ist die Gruppenreise die einfachste Option. Da auch unterwegs keine Zeit für die Suche der Unterkunft und die Organisation der Weiterreise draufgeht, sieht man auf diese Weise in der gleichen Zeit mehr als wenn man alles selbst organisieren würde.

Für eine Gruppenreise zahlt man zwar mehr, als wenn man sich mit öffentlichen Verkehrsmitteln fortbewegt. Dafür hat man aber auch einen Guide dabei, der einem alles erklären kann und die Organisation übernimmt.

Für viele gehört zum Reiz des Reisens gerade die Herausforderung des Unbekannten, sich selbst durchzuschlagen und nicht alles »vorgesetzt« zu bekommen. Und natürlich kann es einem je nach Veranstalter der Reise passieren, dass man sich in einer Menschenmasse von Sehenswürdigkeit zu Sehenswürdigkeit bewegt und vom wahren Leben der Einheimischen nicht viel mitbekommt.

Es gibt Anbieter, die speziell auf Backpacker ausgerichtete Reisen anbieten. Der Komfort ist hier meist begrenzt, es wird vielleicht nicht in klimatisierten Reisebussen gefahren, und man wohnt nicht in 5-Sterne-Hotels. Dafür ist man aber nah an Land und Leuten, da teilweise öffentliche Verkehrsmittel genutzt werden. Dadurch sind die Reisen günstiger und man kommt mit Gleichgesinnten bzw. Gleichaltrigen in Kontakt. Es werden Reisen bis zu 180 Tagen angeboten, wobei auch einzelne Strecken als Baustein separat buchbar sind.

Folgende Veranstalter bieten beispielsweise Backpacker-Reisen an:

www.gapadventures.com
www.tucantravel.com
www.travel-amazing-southamerica.com
www.geckosadventures.com

Gruppenreisen empfehle ich für Mittelamerika, Südamerika und Südafrika.

25.3 Auto / Wohnmobil mieten

Mit dem eigenen Fahrzeug ist man sehr flexibel. Man muss sich nicht nach Abfahrtszeiten richten, kommt auch an abgelegenere Orte, zu denen kein Bus fährt und kann jederzeit Pause machen, etwas essen und trinken und wenn man zu müde ist zum Weiterfahren, legt man sich einfach hin und macht ein Nickerchen.

So haben wir oft auf längeren Strecken einfach irgendwo an einem schönen Ort angehalten und uns einen kleinen Snack zubereitet. Der gefüllte Kühlschrank ist ja immer dabei. In Australien gibt es an jeder Ecke Picknick-Plätze mit Tischen und Bänken, oft sogar mit Barbecue-Platten versehen.

Man kann mehr Gepäck mitnehmen, weil man es nicht tragen muss. Im Falle des Wohnmobils (auch genannt »Camper« oder »Campervan«) muss man noch nicht mal aus dem Koffer leben, weil man die Sachen ordentlich verstauen kann. Gibt es keine Schränke oder Fächer, bietet es sich an, sich im Supermarkt oder Baumarkt stapelbare Plastikboxen zu besorgen, in denen man Klamotten, Geschirr und Vorräte verstauen kann. So hat alles seinen Platz und wenn man etwas sucht, muss man nicht das ganze Auto durchwühlen.

Die Reise mit dem eigenen Fahrzeug erfordert zwar auch, dass man sich jeden Tag eine neue Unterkunft sucht. Wir empfanden das aber nicht als schwierig, da man ja einfach weiterfahren kann, wenn ein Hotel oder Campingplatz voll ist. Außerdem muss man dann nicht blind etwas vorbuchen, sondern kann sich das Zimmer oder den Platz anschauen und wenn es einem nicht gefällt, weitersuchen. Auch hier gilt natürlich: Nicht erst abends im Dunkeln anfangen zu suchen.

Zum Autofahren im Ausland empfiehlt es sich, zusätzlich zum deutschen Führerschein den Internationalen Führerschein dabei zu haben. Eine Übersicht, welche Länder den Internationalen Führerschein verlangen, findet man unter

www.berlin.de/labo
➜ Dienstleistungen ➜ Fahrerlaubnisse und gewerblicher Kraftverkehr ➜ Internationaler Führerschein

Man beantragt den Internationalen Führerschein bei der zuständigen Führerscheinstelle (meist bei der Zulassungsstelle) des Wohnsitzes. Dafür benötigt man Passbilder sowie den neuen Führerschein im Kartenformat, d.h. wenn man diesen noch nicht hat, entstehen zusätzliche Kosten für den Umtausch des Führerscheins. Der Umtausch und die Ausstellung des Internationalen Führerscheins dauern in diesem Fall einige Wochen, ansonsten kann der Internationale Führerschein direkt mitgenommen werden.

Beim Mieten eines Autos oder Campers ist auf eine ausreichende Deckung der Kreditkarte zu achten. Wählt man die günstigste Versicherungsvariante, ist es uns zumindest in Australien passiert, dass wir die Selbstbeteiligung in Form einer Art Kaution zusammen mit dem Mietpreis vorab bezahlen mussten. Entscheidet man sich für eine teurere Versicherung, wäre lediglich ein Blanko-Kreditkartenausdruck angefertigt worden, der nur belastet worden wäre, falls ein Versicherungsfall auftritt.

Achtung beim Preisvergleich: Nicht immer ist die Versicherung im angebotenen Preis enthalten und oft ist es nicht möglich, das Auto ohne zusätzliche Versicherung zu mieten.

Wer in Australien oder Neuseeland für wenig Geld einen ausgefallenen (und auffälligen!) Camper mieten möchte und auf ein wenig Komfort verzichten kann, sollte sich mal die Internetseite www.wickedcampers.com.au anschauen.

Die Miete eines Autos oder Campers empfehle ich für Australien, Neuseeland und die USA.

25.4 Auto / Camper kaufen

Zusätzlich zu den Vorteilen, die ein gemietetes Fahrzeug bietet, kann es unter finanziellen Gesichtspunkten günstiger sein, sich für den Kauf eines Autos zu entscheiden. Man muss zwar etwas Geld investieren (Kaufpreis, Werkstattcheck, Zulassung, Versicherung, Reparaturen). Aber wenn man nicht allzu großes Pech hat, kann man sein Auto am Ende der Reise wieder verkaufen, und selbst wenn man es mit Verlust verkauft, dürften die Kosten ab einem Aufenthalt von 2-3 Monaten niedriger sein als wenn man ein Fahrzeug mietet. Allerdings muss man berücksichtigen, dass man durch den Kauf eines Fahrzeugs während seiner Reise daran gebunden ist. Man kann also nicht einzelne Strecken per Flugzeug zurücklegen.

In Ländern, in denen der Kauf eines Fahrzeugs für Ausländer ohne festen Wohnsitz relativ problemlos möglich ist, lohnt es sich, diese Option in Erwägung zu ziehen. Australien eignet sich bestens dafür und so gut wie jeder, der längere Zeit durch Australien reist, entscheidet sich für einen Kauf. Die angebotenen Fahrzeuge können meist zusammen mit der ganzen Campingausstattung erworben werden. Ein sehr einfacher und zeitsparender Weg, um zu einem gut ausgerüsteten Fahrzeug zu kommen.

Für den Kauf sollte man einige Tage, für den Verkauf 1-2 Wochen einrechnen. Dann muss man nicht auf jedes Angebot eingehen und kann einen besseren Preis erzielen. Wie schnell man ein Auto findet und wie lange es dauern kann, es zu verkaufen hängt auch von der Jahreszeit ab. Am schwierigsten ist es, ein Auto zu Beginn der besten Reisezeit zu kaufen und gegen Ende der besten Reisezeit zu verkaufen, wenn das alle anderen auch wollen. Leichter ist es, wenn man sich antizyklisch verhält, aber dann kann man eben auch nicht zur besten Reisezeit unterwegs sein.

Bevor man ein Fahrzeug kauft, sollte man wissen, welche Art von Wagen man haben möchte und welche Kriterien er erfüllen soll.

Ein normales Auto (in Australien genannt »Station Wagon«) ist am billigsten. Der Platz ist allerdings begrenzt und man kann nicht darin schlafen. Kauft man sich noch ein Zelt, kann man auch mit einem Station Wagon auf Campingplätzen übernachten und sich selbst verpflegen, wenn man sich eine kleine Kühlbox und einen kleinen Gaskocher besorgt (sofern nicht bereits im Autokauf enthalten). Gekühlt wird mit Eis, das man an jeder Tankstelle bekommt.

Ein Panelvan ist eine Art Kombi, der ein bisschen an einen Leichenwagen erinnert und bei Backpackern sehr beliebt ist. An Panelvans (z.B. Ford Falcon) gibt es ein großes Angebot. Oft verfügen diese Autos schon über eine fest eingebaute Bettkonstruktion, unter der man sein Gepäck verstauen kann.

Panelvans sind ebenfalls billiger zu haben als Camper und der Vorteil ist, dass man darin schlafen kann. Der Platz ist aber auch sehr begrenzt und man braucht eventuell zusätzlich ein Zelt. Gekocht und gekühlt wird wie beim Station Wagon.

Camper (Campervans) sind i.d.R. Toyota-Kleinbusse und bieten den größten Luxus. Manche sind mit einem »Pop-Top« (erhöhtes Dach) ausgestattet, so dass man darin stehen kann. Sie bieten ausreichend Platz, man kann gut darin schlafen und braucht kein Zelt. Oft sind sie mit einem fest eingebauten Gasherd ausgestattet, manche haben sogar einen richtigen mit Gas oder Strom betriebenen Kühlschrank. Campervans sind teurer als Station Wagons oder Panelvans.

Auf jeden Fall sollte man sich genau überlegen, wie viel das Budget erlaubt und welche Route man mit dem Auto fahren möchte. Davon hängt ab, nach welchem Autotyp und welcher Ausstattung (Klimaanlage, Allrad (4WD), Benzin, Diesel oder Gas) man suchen soll. Fahrzeuge mit 4WD sind teurer in der Anschaffung und im Unterhalt, so dass man sich überlegen sollte, ob man wirklich einen braucht. Den Platzbedarf sollte man nicht unterschätzen. Bei gutem Wetter braucht man nicht viel, weil man sich die meiste Zeit draußen aufhält. Bei Regen hingegen kann das Auto (= die Wohnung) nicht groß genug sein!

Benzin ist in Australien billiger als Diesel. Einige Autos sind mittlerweile mit einem zusätzlichen Gastank ausgestattet. Das hat den Vorteil, dass man Geld spart und - falls mal kein Gas verfügbar sein sollte - man jederzeit auf Benzin umschalten kann.

Was den Kilometerstand angeht, sollte man vergessen, was man von Europa kennt. Unter 200.000 Kilometer findet man kaum Fahrzeuge. Durch die langen Strecken sind diese dann aber meist in einem besseren Zustand als vergleichbare Autos bei uns.

Was muss man beim Kauf beachten?

Natürlich möchte niemand zu viel für sein Auto bezahlen und je weniger man für den Kauf bezahlt, desto weniger kann man beim Verkauf verlieren. Ein altes Auto in einem guten Zustand ist vielleicht mehr wert und leichter zu verkaufen (wichtig!) als ein neueres Modell in durchschnittlichem oder schlechtem Zustand. Es lohnt sich, bereits beim Kauf an den Verkauf zu denken. Hat man das falsche Auto gekauft und man bekommt es am Ende nicht mehr verkauft, wünscht man sich vielleicht im Nachhinein, man hätte das Auto lieber gemietet. Es ist leichter, ein Auto für 2.000 bis 3.000 AUD zu verkaufen als eines für 10.000 AUD. Trotzdem sollte man nicht den Fehler machen, ein Wrack zu kaufen und damit im schlimmsten Fall sein Leben riskieren. Das Auto muss nicht schön sein, sondern in einem guten technischen Zustand.

Grundsätzlich kann man davon ausgehen: Je mehr man investiert, desto besser ist das Auto in Schuss. Darauf sollte man sich aber nicht verlassen. Auch ein teures Auto kann zum Alptraum werden. Man sollte sich daher genau den bisherigen Werdegang des Autos bescheinigen lassen. Welche Reparaturen wurden wann durchgeführt? Je mehr in letzter Zeit erneuert wurde, desto besser. Wobei man allerdings davon ausgehen kann, dass keiner der Vorbesitzer mehr als nötig in das Auto gesteckt hat. Letztendlich kann man aber trotz erfolgtem Werkstatt-Check Pech haben. Wir haben am eigenen Leib erfahren, was es bedeutet, mitten im Outback mit unserem alten Camper liegen zu bleiben. Eine Garantie hat man halt nie, zumindest nicht, wenn man von privat kauft.

Falls man sich selbst nicht mit Autos auskennt, sollte man vor dem Kauf in einer Werkstatt eine Inspektion durchführen lassen, bei der alle Mängel aufgelistet werden. Noch besser ist es, wenn der Verkäufer diese bereits vorweisen kann. Adressen von Werkstätten, die einen Check durchführen, erhält man beim örtlichen Automobilclub.

Da in Australien Strafzettel nicht auf den Besitzer, sondern auf das Fahrzeug registriert werden, sollte man vor dem Kauf unbedingt anhand der Fahrgestellnummer bei der zuständigen Behörde im »Register of Encumbered Vehicles« (REVS) die offenen Knöllchen prüfen lassen. Diese gehen ansonsten beim Kauf auf den neuen Besitzer über.

Wo findet man entsprechende Angebote?

Die besten Anlaufstellen zum Autokauf sind die Schwarzen Bretter in Hostels, auf Campingplätzen und in Supermärkten. Es gibt auch einschlägige Internetseiten, auf denen Backpacker ihre Autos (aber auch andere Dinge) zum Verkauf anbieten, z.B.

www.holidaycarclub.com
www.sydney.gumtree.com.au
www.brisbane.gumtree.com.au
www.perth.gumtree.com.au
www.melbourne.gumtree.com.au
www.adelaide.gumtree.com.au
www.canberra.gumtree.com.au
www.darwin.gumtree.com.au
www.goldcoast.gumtree.com.au
www.newcastle.gumtree.com.au
www.tasmania.gumtree.com.au
www.globalgossip.com/noticeboard

Meist verkaufen die Backpacker ihre Autos mit komplettem Zubehör wie Zelt, Kochgeschirr, Matratzen, Tische, Stühle, Kühlbox, diverses Werkzeug etc..

Eine Alternative sind spezielle Backpacker-Händler. Sie sind teurer als der Kauf von privat, die Autos sind aber meist auch inklusive Campingausrüstung und es wird eine sogenannte »Buy-Back-Garantie« angeboten, z.B. bei

www.travellers-autobarn.com.au

Was ist eine Buy-Back-Garantie?

Bei der Buy-Back-Garantie bietet der Händler dem Käufer an, das Auto am Ende der Reise zu einem vorher festgelegten Preis wieder zurück zu kaufen, falls er es nicht selbst verkaufen kann oder will. Der Käufer hat damit die Sicherheit, dass er einen Teil seiner Investition wieder zurück erhält. Die Vereinbarung wird bereits beim Kauf getroffen. Bei der Rückgabe des Fahrzeugs muss i.d.R. keine Inspektion mehr durchgeführt werden, um den vereinbarten Betrag zurück zu erhalten. Dies ist aber nicht bei allen Anbietern so. Es sollte also darauf geachtet werden, ob eine Inspektion verlangt wird oder nicht, da es fraglich ist, ob das Auto nach einer Tour durch Australien diese Inspektion ohne weitere Werkstattkosten bestehen würde.

Die Vorteile einer Buy-Back-Garantie liegen auf der Hand. Man muss nicht die letzten Tage oder Wochen seiner Reise mit dem Verkauf des Fahrzeugs zubringen. Je nachdem zu welcher Jahreszeit man sein Auto verkaufen möchte, kann es sein, dass man überhaupt keinen Käufer findet und das Auto quasi verschenken muss. Trotzdem steht es einem aber frei, das Auto selbst zu verkaufen. Die Rückgabe an den Händler ist keine Pflicht, sondern eine Option. Man weiß genau, zu welchem Betrag der Händler das Auto zurücknehmen wird, da der Betrag bereits beim Kauf vereinbart wird. Findet man einen Käufer, der mehr bezahlt, umso besser. Wenn nicht, gibt man das Auto einfach an den Händler zurück.

Der Rückkaufbetrag richtet sich nach der Zeitspanne und beträgt ca. 30-50% des Kaufpreises. Die Anzahl der gefahrenen Kilometer spielt dabei keine Rolle.

Man ist verpflichtet, in festgelegten Zeiträumen eine Inspektion durchzuführen (z.B. Ölwechsel) und das Auto in einem guten Zustand zu halten. Aber das macht man ja ohnehin in seinem eigenen Interesse.

Manche Händler bieten auch noch zusätzlichen Service wie Straßenkarten, telefonischen Support, können Routenempfehlungen aussprechen und vermitteln Pannenhilfe.

Zulassung

In Australien sind die Fahrzeuge immer in einem Bundesstaat zugelassen, d.h. es gibt keine einheitlichen Zulassungsbestimmungen für Australien, sondern diese sind von Bundesstaat zu Bundesstaat unterschiedlich.

Grundsätzlich funktioniert das Prinzip in Australien so, dass ein Auto immer für eine gewisse Zeit (i.d.R. ein Jahr) in dem jeweiligen Bundesstaat registriert (zugelassen) wird. Für die Zulassung (»Rego«) wird eine Gebühr bezahlt. Darin enthalten ist eine Pflichtversicherung zur Abdeckung von Personenschäden (Compulsory Third Party Insurance, abgekürzt CTP, in New South Wales wird sie auch »Green Slip« genannt). Sie zahlt nur, wenn man jemanden anfährt und haftet nicht für Schäden an anderen oder am eigenen Fahrzeug oder für Diebstahl. Die CTP wechselt mit der Ummeldung des Fahrzeugs automatisch den Besitzer

Ein Aufkleber auf der Windschutzscheibe zeigt an, wie lange die Rego noch gültig ist. Fahrzeugpapiere wie bei uns gibt es nicht. Bevor die Zulassung abläuft, muss man sie verlängern lassen. Die Kosten hierfür variieren je nach Bundesstaat. Beim Kauf sollte die Rego noch recht lange gültig sein bzw. eine Rego, die kurz vor dem Ablaufen ist, sollte sich positiv auf den Kaufpreis auswirken.

Wenn man ein Auto gekauft hat, muss man es innerhalb einer bestimmten Frist (meist 14 Tage) auf sich ummelden. Dazu braucht man eine Adresse in Australien. Dafür kann man einfach die Adresse eines Hostels angeben.

Die Ummeldung kann grundsätzlich per Post, persönlich oder via Internet (z.B. in Western Australia) erfolgen. Nicht alle Bundesstaaten erlauben die Ummeldung per Post oder per Internet (z.B. Queensland). Kauft man ein Auto, das in einem Bundesstaat zugelassen ist, der keine Ummeldung per Post oder Internet erlaubt, sollte das Auto somit in dem Bundes-staat registriert sein, in dem man sich gerade befindet, sonst kann man es nicht einfach ummelden, sondern muss es in dem Bundesstaat, in dem man es gekauft hat, neu zulassen. Dies kann, muss aber nicht teuer werden.

Am leichtesten ist es, sich ein Auto zu kaufen, das die Registrierung des Staates hat, in dem man das Auto kauft oder aus einem Bundesstaat, der die Ummeldung per Post oder Internet erlaubt. Alternativ dazu kann man auch ein Auto kaufen, das in einem Bundesstaat zugelassen ist, in den man sowieso demnächst vorhat zu reisen. Innerhalb der Meldefrist kann man es dann in dem dortigen Staat auf sich umschreiben lassen.

Beim Kauf füllen Käufer und Verkäufer ein Übergabe-formular aus. Dieses erhält man in allen Postämtern. Jede Partei erhält ihren Durchschlag bzw. Abschnitt. Der Käufer schickt sein Formular zusammen mit einer beglaubigten Kopie des Passes und des Führerscheins (die Beglaubigung erhält man ebenfalls im Postamt) sowie eines Anschreibens, dass man keine feste Adresse in Australien hat, an die zuständige Registrierungsstelle oder gibt die Unterlagen dort persönlich ab. Danach muss noch eine Übertragungsgebühr (Stamp Duty) bezahlt werden, die vom Kaufpreis des Autos abhängt.

Der Verkäufer schickt ebenfalls seine Kopie des Vertrages an die Registrierungsstelle, um sich aus der Haftung für Strafzettel etc. zu ziehen.

Muss man ein Fahrzeug in einem anderen Bundesstaat neu anmelden, braucht man i.d.R. ein Roadworthy Certificate. Das Roadworthy Certificate ist mit unserem TÜV vergleichbar als Nachweis, dass das Auto keine unmittelbare Gefahr für den Straßenverkehr darstellt. Es werden z.B. Bremsen, Licht und Reifen, nicht aber Motor oder Getriebe geprüft. Das heißt nicht, dass das Auto mängelfrei ist und ersetzt nicht den Check in der Werkstatt. Dieser Sicherheitscheck wird von autorisierten Werkstätten durchgeführt. Falls Defekte vorhanden sind, müssen diese innerhalb einer Frist behoben werden und das Fahrzeug bei der Werkstatt erneut vorgestellt werden.

Allgemeine Informationen zur Registrierung von Fahrzeugen in Australien findet man unter

www.australia.gov.au
➔ Topics ➔ Transport ➔ Registration and Licenses

Nachfolgend werden grob die unterschiedlichen Bestimmungen in den Bundesstaaten beschrieben. Da es an dieser Stelle nicht möglich ist, auf alle möglichen Kombinationen (Kauf mit Zulassung x im Bundesstaat y und Verkauf im

Bundesstaat z) einzugehen, sind die Internet-Seiten der jeweiligen Bundesstaaten angegeben, auf denen man sich ausführlich informieren kann.

Western Australia (WA)
Hauptstadt: Perth

Informationen unter

www.transport.wa.gov.au
➜ Licensing

Die Registrierung in WA ist die unkomplizierteste, so dass es sich anbietet, ein Auto zu kaufen, das bereits in WA zugelassen ist. Das ist auch möglich, wenn man sich selbst gar nicht in WA befindet und dort auch nicht hinkommt. In WA registrierte Autos können in jedem Bundesstaat verkauft werden, ohne dass ein Roadworthy Certificate notwendig ist. In WA müssen die Autos sozusagen nie zum TÜV.

Die Ummeldung kann per Post, persönlich oder per Internet erfolgen. Dies hat den Vorteil, dass man überall in Australien ein Auto mit WA-Zulassung kaufen und es problemlos auf sich ummelden kann, ohne dass man persönlich irgendwo erscheinen muss. Die Rechnung für die zu zahlende Gebühr erhält man per Post. Alternativ dazu kann man die Höhe der Gebühr nach der Ummeldung telefonisch bei der Registrierungsbehörde erfragen und sie ebenfalls telefonisch unter Angabe der Kreditkartennummer bezahlen.

Zu beachten ist, dass für die Zulassung eines Fahrzeugs in WA nachgewiesen werden muss, dass es über eine Wegfahr-sperre (»Immobiliser«) verfügt. Hat das Fahrzeug eine Weg-fahrsperre und war es bereits zugelassen, genügt es, das Vorhandensein der Wegfahrsperre auf dem Formular anzukreuzen. Ein weiterer Nachweis ist nicht erforderlich. Fahrzeuge, die älter als 25 Jahre sind, sind von dieser Vorschrift ausgenommen.

REVS:
www.commerce.wa.gov.au
➜ Consumer Protection ➜ Services ➜ Register of Encumbered Vehicles

New South Wales (NSW)
Hauptstadt: Sydney

Informationen unter

www.rta.nsw.gov.au

In NSW werden für die An- bzw. Ummeldung oder für die Verlängerung der Rego folgende Dokumente benötigt:

- Ein Nachweis über den »e-Safety check«, also die jährliche Safety Inspection (auch bekannt als »Roadworthy Certificate«, früher »Pink Slip«). Ist das Fahrzeug zum Zeitpunkt des Kaufs in einem anderen Bundesstaat zugelassen, benötigt man ein »Blue Slip«, also eine etwas umfangreichere und teurere Inspektion.
- Ein »Green Slip« (CTP), also eine Versicherung für Personenschäden

REVS für in NSW registrierte Fahrzeuge:
www.revs.nsw.gov.au

<u>Northern Territory (NT)</u>
Hauptstadt: Darwin

Informationen unter

www.nt.gov.au/transport

In NT werden für die An- bzw. Ummeldung oder für die Verlängerung der Rego ein Inspection Report (Nachweis über einen Werkstattcheck) sowie eine CTP benötigt.

<u>South Australia (SA)</u>
Hauptstadt: Adelaide

Informationen unter

www.transport.sa.gov.au

Für die Umschreibung bzw. Verlängerung der Registrierung ist eine CTP erforderlich. Außerdem benötigt man als Tourist ein spezielles Formular, das vom Hostel unterschrieben sein muss, als zusätzlichen Nachweis, dass man nicht über einen festen Wohnsitz in Australien verfügt. Ein Roadworthy Certificate ist nicht erforderlich.

REVS:
www.sa.gov.au
➔ Straight to… Transport, travel and monitoring ➔Motoring
➔ Buying and selling a vehicle

Victoria (VIC)
Hauptstadt: Melbourne

Informationen unter

www.vicroads.vic.gov.au
➔ Registration ➔ Buy, sell, transfer vehicles

In VIC werden für die An- bzw. Ummeldung oder für die Verlängerung der Rego ein Roadworthy Certificate, das nur von bestimmten zertifizierten Werkstätten in VIC ausgestellt werden und maximal 30 Tage alt sein darf, sowie eine CTP benötigt.

REVS:
www.consumer.vic.gov.au
➔ Motor cars ➔ Buying a used car ➔ Buying from a Private seller

Queensland (QLD)
Hauptstadt: Brisbane

Informationen unter

www.tmr.qld.gov.au
➔ Registration

In QLD werden für die An- bzw. Ummeldung ein Safety Certificate sowie eine CTP benötigt. Für die Verlängerung der Rego ist kein Safety Check nötig. Die Rego ist für 6 oder 12 Monate erhältlich.

Die Ummeldung kann nur persönlich bei der Registrierungsbehörde erfolgen, so dass man ein in QLD zugelassenes Auto entweder nur in QLD oder einem Nachbar-Bundesstaat kaufen kann oder es in dem Bundesstaat, in dem man das Auto kauft, neu zulassen muss. Man muss sich außerdem für die Verlängerung der Rego in QLD befinden und muss das Auto in Queensland wieder verkaufen. Andernfalls müsste der Käufer es neu zulassen.

REVS:
www.fairtrading.qld.gov.au
➔ Motor industry ➔ REVS

Australian Capital Territory (ACT)
Hauptstadt: Canberra

Informationen unter

www.rego.act.gov.au

Allgemeine Informationen zur Versicherung

Bevor es losgeht, sollte man sich noch entscheiden, ob man das Risiko eingehen will, ohne eine Haftpflichtversicherung für Schäden an fremdem Eigentum (Third Party Property Insurance) loszufahren oder nicht. Diese Versicherung ist nicht verpflichtend, aber empfehlenswert, um Schäden, die man im Falle eines Unfalls an anderen Fahrzeugen verursacht, abzudecken.

Anbieter sind beispielsweise NRMA Insurance, Suncorp, AAMI, GIO oder eCar. Nicht alle Versicherungen sind für Touristen zugänglich.

Weiterhin sollte man sich von der deutschen Kfz-Versicherung eine Bescheinigung über unfallfrei gefahrene Jahre (auf englisch) ausstellen lassen. So kann nach Vorlage dieser Bescheinigung der Beitragssatz für die Versicherung des im Ausland gekauften Fahrzeugs eventuell reduziert werden.

Umgekehrt sollte man sich von der ausländischen Versicherung am Ende bestätigen lassen, dass man in der Zeit im Ausland unfallfrei gefahren ist. Eventuell wird diese Bestätigung von der deutschen Versicherung anerkannt, und man wird weiter herabgestuft. Andernfalls könnte es sein, dass die Herabstufung sonst ruhen würde.

Sonstiges

Zum Fahren im Ausland empfiehlt es sich, einen Internationalen Führerschein zu beantragen (siehe Kapitel 25.3 »Auto / Wohnmobil mieten«).

Hat man vor, lange Strecken durch das Outback zu fahren, ist es eventuell lohnenswert, dem betreffenden Automobilclub beizutreten. Er bietet Straßenservice, Pannenhilfe und vergünstigte Straßenkarten.

25.5 Eigenes Auto mitnehmen / verschiffen

Da diese Option für uns nicht in Frage kam, haben wir uns damit nicht weiter beschäftigt. Es gibt aber zahlreiche Informationen und Erfahrungsberichte dazu im Internet sowie im Buchhandel. Generell lohnt sich so ein Vorhaben erst bei längerem Aufenthalt.

26 Unterkunft

26.1 Camping

Den Vorteil am Camping sehe ich darin, dass man oft an sehr schönen und sehr günstigen (teilweise sogar kostenlosen) Plätzen in der Natur übernachten kann. Durch die Selbstverpflegung ist man unabhängig von Restaurants und kann viel Geld sparen.

Die Reise mit dem eigenen Fahrzeug erfordert zwar auch, dass man sich jeden Tag eine neue Unterkunft sucht, wir empfanden das aber nicht als schwierig, da es in den Ländern, die sich dafür anbieten, an jeder Ecke Campingplätze gibt und man ja einfach weiterfahren kann, wenn ein Platz voll ist. Sollten alle Stricke reißen, kann man sich zur Not auch mal auf einen Parkplatz oder in die Wildnis stellen und dort übernachten. An einigen Orten bzw. in einigen Ländern ist das aber verboten, also muss man sich vorher informieren, wo das wilde Campen erlaubt ist.

Gerade Australien eignet sich hervorragend für Camping. Hier gibt es die am schönsten gelegenen und am besten ausgestatteten Campingplätze, die ich kenne. Die Waschräume sind meistens extrem sauber. Heißes Wasser ist i.d.R. kein Problem, wobei man den Heißwasserhahn in einigen Gegenden nur selten benutzen muss.

Zum Waschen gibt es auf den Campingplätzen Münzwaschmaschinen, manchmal sogar auch Trockner, ansonsten Wäscheleinen.

Fast alle Campingplätze, auf denen wir waren, verfügten über ein »Camp Kitchen«, das mit einem Kühlschrank zum Verwahren der persönlichen Lebensmittel (in Taschen packen und mit Namen kennzeichnen), einer Barbecue-Platte, einem Herd, manchmal auch mit einem Ofen und einer Mikrowelle ausgestattet war. Die Küchen sind mit Sitzgelegenheiten (manchmal auch mit Fernseher) ausgestattet und dienen so oft auch als Aufenthaltsraum und Treffpunkt. Natürlich gibt es dort auch die Möglichkeit, das Geschirr zu spülen.

Es gibt einige Campingplatz-Ketten, die einen gewissen Standard auf den Campingplätzen garantieren. Die Ketten geben Broschüren heraus, in denen alle zu der Kette gehörenden Campingplätze aufgeführt sind, so dass man sich schon vorab über Ausstattung und Lage informieren kann und ggf. den Platz im Vorfeld reservieren kann. Gegen eine Gebühr kann man Mitglied werden und bekommt dann bei jedem Besuch einen Rabatt. Wir fanden in Australien den BIG4 (www.big4.com.au) am besten. Außerdem gibt es beispielsweise noch www.toptouristparks.com.au oder www.familyparks.com.au.

Oft haben die großen Campingplatzketten mit den Auto-/Wohnmobilverleihern Sonderkonditionen, so dass man einen Rabatt auf die Platzmiete bekommt, wenn man mit dem jeweiligen Mietwagen vorfährt. Manche werben nicht damit, so dass es sich lohnt, auf dem Campingplatz nachzufragen. Auch eine deutsche ADAC-Mitgliedschaft wird manchmal anerkannt.

Die Preise für einen Campingplatz (man kann i.d.R. wählen zwischen »powered« (mit Stromanschluss) und »unpowered« (ohne Stromanschluss) belaufen sich auf 20-35 AUD (ca. 14-25 Euro) für ein Fahrzeug und zwei Personen, in der Hochsaison (Weihnachten) auch gerne bis zu 50 AUD (ca. 36 Euro).

Zum Reisen mit Wohnmobil siehe auch Kapitel 25.3 »Auto / Wohnmobil mieten«.

Ich empfehle Camping für Australien, Neuseeland, Südafrika und die USA.

26.2 Backpacker-Hostels

Backpacker Hostels kann man mit Jugendherbergen vergleichen. Es handelt sich um einfache, günstige Unterkünfte, in denen man schnell andere Reisende kennenlernen kann. Außer einem Platz zum Schlafen bieten Hostels teilweise für erstaunlich wenig Geld voll ausgestattete Gemeinschaftsküchen, in denen man sich ein Essen zubereiten kann, Gemeinschaftsräume mit Fernseher, Filmen, Büchern (» Book Exchange«) und Spielen, (teilweise kostenlosen) Internetzugang und die Möglichkeit, Wäsche zu waschen (entweder stehen Münzwaschmaschinen zur Verfügung oder man gibt die dreckige Wäsche ab und bekommt sie sauber wieder). Außerdem vermitteln manche Hostels Touren und bieten (manchmal sogar kostenlos) die Abholung vom Flughafen an. In fast allen Hostels bekommt man zumindest einen kostenlosen Stadtplan und ein paar Informationen und Tipps für die nähere Umgebung. Im Gegensatz zu herkömmlichen Jugendherbergen gibt es keine Sperrstunde und keine Altersbegrenzung.

Man übernachtet entweder in Schlafsälen, genannt »Dormitories« oder kurz »Dorms«, oder in Doppel- oder sogar Einzelzimmern. Bei Doppelzimmern wird unterschieden zwischen »Twin« (zwei einzelne Betten) und »Double« (ein Doppelbett, meist ein französisches Bett). In den Dorms werden meist 4 bis 6, manchmal auch bis zu 10 Personen untergebracht. I.d.R. handelt es sich dabei um Etagenbetten. Der Platz ist oft sehr begrenzt und man kann nicht davon ausgehen, dass es Schränke, Nachttische, Tische oder Stühle gibt. Das Gepäck lässt sich in abschließbaren Fächern aufbewahren. Manchmal gibt es Dorms nur für Frauen, ansonsten sind die Zimmer gemischt.

Die Badezimmer sind i.d.R. auf dem Flur (»Shared Bathroom«). Es gibt aber auch Zimmer (meist sind das die Doppel- oder Einzelzimmer) mit eigenem Bad.

Handtücher sollte man in Hostels nicht erwarten.

Achtung: Die Preise werden immer pro Person, nicht pro Zimmer angegeben.

Wie bei den Campingplätzen gibt es auch bei den Hostels Ketten, zu denen sich die Hostels zusammengeschlossen haben. Wird man Mitglied, bekommt man ein kleines Büchlein, in dem alle angeschlossenen Hostels aufgeführt sind und man erhält bei jedem Aufenthalt einen Rabatt. Manchmal erhält man auch auf Eintritte, in Läden, bei Autovermietungen oder Tourbussen bei Vorlage des Ausweises eine Ermäßigung.

Verbände in Australien:
www.yha.com.au
www.vipbackpackers.com
www.nomadsworld.com

Unter

www.hostelworld.com
www.hostels.com

kann man weltweit Hostels finden und Betten reservieren.

Dort werden teilweise auch kleine, familiäre Guesthouses oder Pensionen angeboten, die auf Backpacker eingestellt sind.

Backpacker Hostels sind DIE Unterkunft für Rucksackreisende, daher kann ich sie für alle Länder empfehlen.

26.3 Hotels

Braucht man mal etwas mehr Luxus, kann man in ein Hotel gehen. Gerade in größeren Städten kann man sich mal ein schönes Hotel gönnen. Dazu kann man sich z.B. unter

www.hrs.de

das passende Hotel heraussuchen und ein Zimmer reservieren.

26.4 Couchsurfing

Couchsurfing ist ein internetbasiertes Nonprofit-Netzwerk, das Reisende weltweit zusammenbringt. Die Mitglieder können eine kostenlose Unterkunft für Reisende anbieten und im Gegenzug ebenfalls kostenlos bei anderen Mitgliedern unterkommen. Es ist jedoch nicht verpflichtend, eine Unterkunft anzubieten. Es kann z.B. auch nur eine Stadtführung angeboten werden. Grundsätzlich soll für die Leistung nicht bezahlt werden.

Wenn man Couchsurfing anbieten möchte, legt man online ein Profil an, in dem Angaben zur Person und zum Wohnort gemacht sowie eventuell Fotos hochgeladen werden. Außerdem können individuelle Präferenzen angegeben werden, wen man gerne aufnehmen möchte (z.B. nur Frauen, nur Einzelpersonen oder ein bestimmtes Alter). Erhält man eine Anfrage von einem Interessenten, entscheidet man selber anhand des Profils und der vorangegangenen Bewertungen anderer Mitglieder, ob man diese Person aufnehmen möchte oder nicht.

Hinter Couchsurfing steht die Philosopie des kulturellen Austauschs, die Möglichkeit, neue Erfahrungen zu machen und das Land bzw. die Stadt als Insider kennenzulernen.

Ein angenehmer Nebeneffekt ist, dass man auf diese Weise die Kosten für die Übernachtung spart. Natürlich muss man dafür offen sein und ein gewisses Maß an Vertrauen mitbringen. Viele Menschen, die Couchsurfing schon einmal ausprobiert haben, berichten von durchweg guten Erfahrungen und unvergesslichen Erlebnissen. Wenn man sich dabei nicht wohl fühlt, bei fremden Menschen auf der Couch zu schlafen, ist es aber wohl nicht das richtige.

Mittlerweile gibt es zum Thema sogar schon spezielle Bücher.

Eine weitere ähnliche Reise-Community ist der Hospitality Club.

26.5 Housesitting

Auf eine interessante Form, einige Zeit an einem Ort unterzukommen, sind wir durch andere Reisende in Australien gestoßen: Housesitting. Der Housesitter passt auf das Haus auf, während man selbst im Urlaub ist, gießt die Blumen, kümmert sich um die Post, füttert Katze und Hund und sorgt nebenbei auch für Einbruchschutz, da das Haus nicht unbewohnt ist.

Auch hierfür gibt es spezielle Internet-Seiten, auf denen sich Housesitter oder solche, die es werden wollen, mit ihrem Profil präsentieren.

III.

Rückkehr nach Hause

27 Unterkunft

Je nachdem, was man mit seiner Wohnung gemacht hat und wie gut Planung und Realität übereinstimmen, muss man sich keine Gedanken um die Unterkunft machen, braucht für eine Übergangszeit eine möblierte Wohnung oder muss sich komplett eine neue Wohnung suchen.

Kommt man früher als gedacht zurück und ist die eigene (untervermietete) Wohnung noch nicht frei, muss man entweder bei Freunden oder im Hotel unterkommen. In größeren Städten gibt es aber auch ein mehr oder weniger großes Angebot an möblierten Wohnungen, die man auch nur für kurze Zeit (ab einem Monat) anmieten kann. Das größte Angebot findet man unter www.immobilienscout24.de →Mieten → Wohnen auf Zeit. Leider werden die meisten Wohnungen über Makler angeboten, aber es gibt durchaus auch Angebote von privat.

Auch für den Fall, dass man die Wohnung komplett aufgegeben hat, findet man unter www.immobilienscout24.de → Mieten → Wohnungen ein reichhaltiges Angebot.

28 Arbeitsagentur

Wenn man die Auszeit nicht durch unbezahlten Urlaub oder ein Sabbatical organisiert hat, sondern seinen Job gekündigt hat, muss man sich sofort nach der Rückkehr nach Deutschland arbeitslos melden. Das Arbeitslosengeld wird nicht rückwirkend gewährt, so dass es wichtig ist, sich unverzüglich bei der Arbeitsagentur zu melden. Welchen Anspruch man hat und ob es eine Sperrfrist gibt, hängt unter anderem davon ab, ob man sich schon vor der Abreise arbeitslos gemeldet hat oder nicht; siehe hierzu Kapitel 4.5 »Kündigung«.

Die Arbeitslosmeldung muss persönlich abgegeben werden. Möglicherweise kann man einen Zuschuss zu den Bewerbungskosten erhalten (5 Euro pro nachgewiesener Bewerbung). Auf diesen Zuschuss hat man aber anscheinend keinen Rechtsanspruch, da wir die Erfahrung gemacht haben, dass damit unterschiedlich umgegangen wird. Ich selbst habe den Zuschuss bekommen. Ich kenne aber auch jemanden, der ihn nicht bekommen hat mit der Begründung, man bekäme ihn nur, wenn man besonders bedürftig wäre. In einem anderen Fall hieß es, man bekäme ihn erst ab einer bestimmten Zeit der Arbeitslosigkeit. Bei dem Termin zur Arbeitslosmeldung sollte man auf jeden Fall gleich nach dem Antrag auf Bewerbungskostenerstattung fragen, da die Bewerbungskosten nicht rückwirkend erstattet werden, sondern erst ab dem Tag, an dem man den Antrag gestellt hat, auch wenn man vorher schon Bewerbungen geschrieben hat.

29 Auto anmelden

Wenn man sein Auto abgemeldet hat, muss es nach der Rückkehr wieder angemeldet werden. War das Auto für weniger als 12 Monate abgemeldet, wird das alte Kennzeichen wieder verwendet. War das Auto länger als 12 Monate abgemeldet, geht das nur, wenn die Kennzeichen vorher reserviert wurden.

Die Anmeldung ist nur möglich mit gültigem TÜV. Falls der TÜV während der Abwesenheit abgelaufen ist, muss man zunächst eine Tageszulassung beantragen, um das Auto zum TÜV fahren zu können. Erst dann ist eine Zulassung möglich.

30 Bewerbungen

Falls man sich nach der Rückkehr einen neuen Job suchen muss, braucht man zunächst neue Passbilder. Außerdem müssen die Bewerbungsunterlagen auf Vordermann gebracht werden, der Lebenslauf aktualisiert und evtl. neu gestaltet werden und die Zeugnisse eingescannt werden. Grundsätzlich kann man heutzutage davon ausgehen, dass man seine Bewerbungsunterlagen per Email verschicken muss oder seine Daten in ein Bewerber-Onlineportal eintragen muss. Je nach Art der Tätigkeit, die man sucht, ist die klassische Papierbewerbung extrem selten geworden.

Jobs findet man unter

www.jobpilot.de
www.arbeitsagentur.de ➜ Jobbörse
www.careerbuilder.de
www.stepstone.de
www.fazjob.net
www.jobscout24.de
www.opportuno.de
www.stellenmarkt.sueddeutsche.de
www.jobsintown.de
www.stellenanzeigen.de
www.jobware.de
www.meinestadt.de ➜ Stellen ➜ Stellenangebote

oder natürlich in den Samstagsausgaben der lokalen Tageszeitungen.

Die Reisezeit sollte im Lebenslauf nicht unterschlagen werden. Je nach Branche und Chef kann es sogar als

Pluspunkt gelten, mal über den Tellerrand hinausgeschaut zu haben.

31 Auslandskrankenversicherung

Die Versicherung, bei der man die Auslandskranken-versicherung für Langzeitreisende abgeschlossen hat, muss informiert werden, dass man wieder da ist, damit gegebenen-falls zu viel gezahlte Beiträge wieder zurück erstattet werden können.

32 Adressänderung

Allen Personen oder Stellen, denen man als neue Adresse die Anschrift der Vertrauensperson geschickt hat, müssen über die Adressänderung nach der Rückkehr informiert werden. Falls der Nachsendeauftrag noch läuft, muss dieser gekündigt werden.

IV.

Erkenntnisse und Denkanstöße

Das Fazit einer solchen Reise wird selbstverständlich jeder nur für sich selbst ziehen können. Für uns sind von unserer Reise einige wichtige Erkenntnisse geblieben, an die wir uns hoffentlich auch in Zukunft immer mal wieder erinnern werden. Ein Wechsel der Perspektive hilft eben oft, die Augen zu öffnen.

Im Grunde sind es zwei Dinge, die wir von unserer Reise mitgenommen haben und die unsere Einstellung zu unserem Leben vielleicht ein wenig verändert haben.

Das erste ist das Gefühl der Freiheit, das man verspürt, wenn man zum ersten Mal im Leben aus den gewohnten Bahnen »ausbricht« und einem bewusst wird, dass man sein Leben so gestalten kann, wie man möchte.

Wir sind für unser Leben selbst verantwortlich und haben das Glück, selbst entscheiden zu dürfen, was wir mit unserer Zeit machen. Das größte Glücksgefühl stellt sich ein, wenn man an einem bestimmten Punkt erkennt, dass das nicht bloß theoretisch so ist, sondern wir auch den Mut haben, es wirklich zu tun. Es kann uns niemand davon abhalten, das zu tun, was wir tun möchten. Diese Reise ist das Beste, was wir je gemacht haben. Es war ein großer Schritt, aber er hat sich gelohnt, weil wir erkennen, dass wir nicht nur Angestellter oder Mitarbeiter im Unternehmen xy sind, sondern in erster Linie Menschen mit eigenen Wünschen und Vorstellungen vom Leben. Wir sind für eine bestimmte Zeit nur noch Privatperson, können unseriös, unlogisch, albern und blöd sein, schlechte Manieren haben und uns daneben benehmen. Und keinen interessiert es. Das Leben findet plötzlich nicht mehr nur nach Feierabend und an den Wochenenden statt, sondern Tag und Nacht, 24 Stunden am Tag.

Die zweite Erkenntnis ist: Uns geht es gut und wir leben in einem schönen Land. Das hört sich so verkürzt natürlich sehr platt an, aber ich möchte es erklären, damit man versteht, was wir damit meinen:

Deutschland ist schön. Diese Worte haben sich für uns mit Sinn und Inhalt gefüllt, als wir uns und unsere Heimat mit den Ländern verglichen haben, die wir bereist haben und mit den Menschen, die dort leben. Wir haben viele wunderschöne Orte gesehen und viele Menschen getroffen, die wir beneidet haben, weil sie an diesen Orten leben. Aber eben nur für den Moment.

Schon auf unserer ersten Australien-Reise haben wir uns über Menschen gewundert, die in Verzückung geraten sind, wenn sie erfuhren, dass wir aus Deutschland kommen. So langsam verstehen wir sie. Vielleicht weil wir jedes Jahr ein Jahr älter werden und uns somit Jahr für Jahr der Altersgrenze nähern, ab der man Reisen innerhalb von Deutschland nicht mehr spießig findet. Vielleicht aber auch, weil Deutschland wirklich nicht ganz so hässlich und langweilig ist, wie wir bisher geglaubt haben. Wir werden sehen, wie sich unser Verhältnis zu Deutschland entwickeln wird.

Uns geht es gut. Noch so ein platter Spruch, aber als wir mitbekommen haben, wie die Menschen in Guatemala leben und was es in der Dominikanischen Republik bedeutet, seinen Job zu verlieren, konnten wir uns nicht vorstellen, dass wir jemals wieder etwas zu meckern haben könnten. Das Hotel, in dem wir in der Dominikanischen Republik gewohnt haben, schloss überraschend. Die Angestellten erfuhren es eine halbe Woche vorher. Sie hatten entweder die Möglichkeit, auf der anderen Seite der Insel (in 5 ½ Stunden mit dem Auto zu erreichen) in einem Hotel der gleichen Kette weiterzuarbeiten oder sie mussten sich einen neuen Job suchen. Ansonsten hieß es: No job, no money. No money, no eat. So einfach und so bitter ist das. Wie arrogant sind wir doch, dass wir uns lautstark darüber beschweren, dass im Hartz IV-Satz jetzt nicht mehr ein Anteil für Alkohol und Tabak enthalten ist. Ich möchte nicht wissen, was Menschen, die von einem solchen Sozialversicherungssystem nur träumen können, von uns halten. Wir haben das große Glück, als Deutsche geboren zu sein mit allem, was dazu gehört, auch wenn uns das nicht immer als das große Glück vorkommt, wenn man mittendrin steckt:

Wir können als deutsche Staatsbürger in jedes Land der Erde reisen.

Wir leben in einem reichen Land und haben alle Möglichkeiten, etwas aus unserem Leben zu machen. Wir können die beste Schulausbildung bekommen. Bei uns muss niemand verhungern. Wir haben eines der besten Sozialversicherungssysteme der Welt. Ja, ja, natürlich weiß ich auch, dass das System heutzutage von einer wachsenden Anzahl von Menschen ausgenutzt wird und diejenigen, die die Beiträge dafür aufbringen, sich ungerecht behandelt fühlen. Daran muss sich auch etwas ändern, das System wurde schließlich nicht für Menschen entwickelt, die nicht arbeiten wollen, sondern für diejenigen, die vorübergehend oder dauerhaft nicht arbeiten können und in einer Notlage sind. Es gibt Menschen in anderen Ländern dieser Erde, die würden nichts lieber tun, als in eine Rentenversicherung einzuzahlen, eben damit sie im Alter auch eine Rente bekommen. So gesehen können wir auf unser Sozialsystem auch ruhig mal ein bisschen stolz sein.

Diese soziale Sicherheit und der Wohlstand bescheren uns nämlich auch einen sozialen Frieden und eine geringe Kriminalitätsrate. Die Kriminalität ist ja nicht umsonst gerade in den Ländern am höchsten, in denen die Menschen nichts zu essen haben.

Aus diesen Gründen sind wir auch sehr gerne wieder nach Hause gekommen. Vielleicht wären wir noch etwas länger unterwegs gewesen, wenn wir einen Platz gefunden hätten, der uns gefällt, an dem wir etwas länger hätten bleiben wollen, quasi als Urlaub vom Nomadenleben. Den fanden wir in der Region Amerika aber nicht und außerdem wurde irgendwann die Sehnsucht nach den geliebten Menschen zuhause zu groß.

Wir empfinden es als großes Glück, dass wir nach Hause geflogen sind, weil wir es selbst wollten und uns auf Zuhause gefreut haben und nicht, weil wir nach Hause mussten und eigentlich viel lieber noch geblieben wären. Daher sind wir auch froh, dass wir keine großen Schwierigkeiten hatten, uns wieder in unser Leben in Deutschland zu integrieren.

Vor der Reise war uns nicht klar, was nach der Reise kommen würde. Wir haben uns bewusst alles offen gelassen und wollten die Zeit nutzen, um uns Gedanken über die Zukunft zu machen, um auf neue berufliche Ideen zu kommen. In Australien haben wir jemanden getroffen, der sich unsere Geschichte anhörte und sagte: »Wahrscheinlich kommt Ihr aber auch einfach zurück, findet wieder einen Job in Eurem alten Beruf, der ok ist, um Geld zu verdienen und Euch genug Zeit lässt für die Dinge, die Ihr gerne macht und die Euch wichtig sind. Vielleicht schafft Ihr es, zu arbeiten, um zu leben, statt zu leben um zu arbeiten.« Ich würde ihm gerne sagen, wie Recht er hatte. Vielleicht kann man es so sehen, dass wir unser Ziel, auf neue Ideen zu kommen, nicht erreicht haben. Vielleicht ist es aber auch einfach so, dass wir mit unserem alten Leben gar nicht so unzufrieden waren, als dass wir es komplett ändern müssen. Vielleicht hilft schon ein kleiner Perspektivenwechsel, um mal wieder das Wichtige vom Unwichtigen unterscheiden zu können und mit den kleinen Ärgernissen etwas entspannter umgehen zu können.

Ich will aber auch nicht verschweigen, dass auf einer so langen Reise nicht immer alles Friede, Freude, Eierkuchen ist und man auch Momente hat, in denen man zweifelt und enttäuscht ist. Das passiert, wenn die Erwartungen nicht mit der Realität übereinstimmen. Man macht eine Reise, weil man tausend schöne Bilder im Kopf hat von den fremden Orten, den interessanten Menschen und den sagenhaften Landschaften. Man stellt sich vor, überall aufgeschlossene und freundliche Backpacker zu treffen, mit denen man zusammen weiterreisen kann. Man freut sich vielleicht darauf, mit seinem Partner jeden Tag zusammen zu sein und mit ihm gemeinsam viele tolle Dinge zu erleben. Und selbstverständlich soll sich bitte bereits am dritten Tag der Reise der »Flow« einstellen und Sehnsucht nach Hause soll es natürlich auch nicht geben.

Diese Bilder im Kopf sind die Motivation, der Antrieb für die Reise. Sie sind der Grund dafür, dass man stressige Reisevorbereitungen sowie finanzielle Einschränkungen und Risiken in Kauf nimmt. Man will all das mit eigenen Augen sehen und erleben, und zwar bitte genauso, wie man es im Bildband von GEO Saison gesehen, im Lonely Planet oder in unzähligen Reiseberichten gelesen hat.

In Wirklichkeit wird man aber ganz sicher mal enttäuscht sein von einem Ort oder vom Ablauf der Reise. Man trifft nicht jeden Tag nette Leute und von denen, die man trifft, muss man sich meistens sehr bald wieder verabschieden. Es gibt Tage, da erlebt man überhaupt nichts Nennenswertes. Auch eine Weltreise ist nicht jeden Tag aufregend, abenteuerlich und lustig. Schlimmer noch, vielleicht hat man Ärger mit dem Auto, wird bestohlen oder es gibt Konflikte in der Partnerschaft durch ungewohnte Situationen auf der Reise, die ständige Kompromisse erfordern und das 24-stündige Zusammensein (und Aufeinander angewiesen-sein) erweist sich bei unterschiedlichen Interessen und Ansprüchen als anstrengend.

Manchmal muss man sich auch von der Idealvorstellung des Traumurlaubs verabschieden. Wenn man Länder wie Guatemala oder Ecuador bereist, ahnt man vielleicht schon, dass da nicht alles traumhaft schön sein wird und man dort nicht den schönsten Platz auf Erden finden wird. Dort fährt man aber vielleicht auch eher hin, weil man sich für das Land interessiert, einen Spanischkurs machen oder die Kultur kennenlernen will. Anders ist es aber doch meistens mit der Karibik. Natürlich will man auch »Land und Leute kennenlernen«, wie es so schön heißt, aber wenn wir mal ehrlich sind, interessiert uns an den karibischen Inseln doch in erster Linie mal die Qualität des (natürlich Sand-) Strandes, die Breite der Hängematte und die Mischung des Caipirinhas. Das Land lernen wir bei der im Hotel und auch überall sonst buchbaren Jeep-Safari kennen und die Leute in Form von Barkeepern und Taxi-Fahrern. Unser Gewissen ist beruhigt, wir haben schließlich nicht den ganzen Urlaub in der Hotelanlage verbracht, sondern haben uns auch mal »etwas angeschaut«.

In Jamaika funktioniert die Sonne-Traumstrand-türkisblaues Wasser-Ansage ganz gut in den All Inclusive Ressorts, die den ganzen Komfort, den ein Pauschalurlauber erwartet, bieten. Dort kann man (für viel Geld) sicherlich einen Traumurlaub unter karibischer Sonne verbringen, das würde ich sofort unterschreiben. Aber man darf sich nicht vormachen (lassen), dass man auf dieser Reise Land und Leute kennenlernt, da man dazu gar nicht genug Zeit hat. Außerdem wird man meistens auch keine Gelegenheit dazu haben. Natürlich kann man aus dem Hotel gehen und mit Einheimischen in Kontakt kommen. Man wird aber wahrscheinlich trotzdem keinen Eindruck davon bekommen, wie man in Jamaika lebt oder besser gesagt: leben würde, wenn es keine Touristen gäbe. Wer glaubt, die Einheimischen laufen von morgens bis abends über den Strand und haben zufällig gerade selbstgebastelte Armbänder oder frisch-gepflückte Ananas dabei, ist naiv. Und wer sich freut, dass er eine ganz authentische Bar mit toller Live-Musik gefunden hat, die sogar von Einheimischen besucht wird (denn wer will schon irgendwo sein, wo nur Touristen hingehen…), hat noch nie was von Sex-Tourismus gehört.

Manchmal wird außerdem noch das Thema Sicherheit etwas unterschätzt. US-Amerikaner sind es vielleicht eher gewöhnt, dass man abends im Dunkeln nicht alleine durch gewisse Gegenden läuft. Wir Deutschen kennen das in der Regel nicht und müssen wirklich darauf achten, in nicht so sicheren Ländern um eine bestimmte Uhrzeit wieder zurück im Hotel zu sein. Bis dahin muss man etwas gegessen haben oder etwas zum Essen eingekauft haben. Eine Einschränkung, die wir von zuhause nicht kennen. Die meisten Orte in Mitteleuropa sind, was die Sicherheitslage betrifft, ein Ort der Glückseligkeit. Eine niedrige Kriminalitätsrate, verbunden mit einem recht ausgeprägten sozialen Frieden - das ist längst nicht überall so. Außerdem gilt man in vielen Gegenden als Tourist automatisch als reich, was uns natürlich zu einem lohnenden Ziel macht.

Wenn man andere Reiseberichte liest oder mit anderen Backpackern spricht, kann es einem manchmal passieren, dass man sich fragt, ob andere mehr erleben, unbeschwerter sind, mehr Spaß haben und ob es richtig war, dafür alles aufzugeben. Man fragt sich, was man falsch gemacht hat, dass man immer noch nichts von dem berühmten Flow merkt und was man jetzt in das Mail nach Hause oder den Blog-Beitrag schreiben soll, denn schließlich sind ja nicht nur die eigenen Erwartungen, sondern auch die der Daheimgebliebenen extrem hochgesteckt. Die wenigsten Weltreisenden berichten von ihren negativen Erlebnissen oder schreiben, dass sie sich langweilen.

Die Antwort ist: Man muss niemandem etwas beweisen. Nicht die Eltern, nicht die Freunde, nicht die ehemaligen Kollegen machen die Reise, sondern man selbst. So gesehen hat eben auch jeder seine persönlichen Erlebnisse, die jeder auch ganz subjektiv empfindet. Was der eine schön findet, langweilt den anderen. Was den einen nervt, begeistert den nächsten. Und wenn einen die blöden Kommentare von zuhause nerven, muss man sich einfach denken: Zumindest muss ich es nicht in 20 Jahren bereuen, dass ich die Reise nicht gemacht habe.

Natürlich kann man niemanden dazu überreden, eine Weltreise zu unternehmen und wenn man jemanden dazu überreden muss, ist es sowieso besser, er bleibt zuhause. Aber ich kann vielleicht ein paar Denkanstöße geben, sozusagen die Gedanken in die »richtige« Richtung lenken, wenn der Wunsch schon da ist, aber der Mut noch fehlt.

Bevor wir uns für die Reise entschieden hatten, haben wir uns mehrfach gefragt: Was kann im schlimmsten Fall passieren? Der Fall, dass wir wirklich langfristig überhaupt keinen Job mehr finden würden, erschien uns als sehr unwahrscheinlich. Dass wir eventuell Kompromisse bei der Jobsuche würden eingehen müssen, war uns bewusst. Realistischerweise bedeutet eine Auszeit aus dem Beruf aber nicht, dass man bis zum Ende seines Lebens Hartz IV beziehen wird. Insofern fanden wir das Risiko überschaubar. Ich bin mir sicher, dass viele, die über eine Langzeitreise nachdenken, auch gar nicht mal Angst vor einer vorübergehenden Arbeitslosigkeit oder gar vor Hartz IV haben, sondern eher davor, beruflich weg vom Fenster zu sein, bei jeder späteren Bewerbung die Lücke im Lebenslauf erklären zu müssen, ewig den Makel des Aussteigers, Faulenzers, Außenseiters, der sich nicht anpassen kann, zu haben. Diese Angst kann ich niemandem nehmen. Ich kann niemandem vorhersagen, wie zukünftige Chefs (oder die, die es dann doch nicht werden) mit so einem etwas »krummen« Lebenslauf umgehen. Im Zweifel wird man es auch nie erfahren, da man die Bewerbungsunterlagen in dem Fall postwendend zurückbekommt. Ich bin mir allerdings ziemlich sicher, dass es mittlerweile immer mehr Unternehmen gibt, die einer solchen Auszeit offen gegenüber stehen. Schließlich ermöglichen auch immer mehr Unternehmen ihren Mitarbeitern eine Auszeit. Mein Chef, der mich nach meiner Reise eingestellt hat, fand meine Auszeit sehr »open minded«. Na also…

Oft hört man Leute, die sagen: »Das mache ich, wenn ich in Rente bin«. Die Welt müsste ja voller reisender Rentner sein, wenn dieser Satz wahr wäre. Ist sie das? Ich glaube nicht. Alle Dinge haben ihre Zeit und ich glaube nicht, dass man alles auf später verschieben kann. Manche Träume erfüllt man sich später nicht mehr, weil man dann andere hat. Einige Dinge kann man später noch nachholen (Studium, »Sturm- und Drangzeit«), aber manchmal ist es dann eben schwieriger und peinlicher und manchmal geht es vielleicht aus gesundheitlichen Gründen einfach nicht mehr. Auch eine Reise kann man nachholen und es gibt auch über 60-jährige, die ich sehr dafür bewundere, dass sie mit einem kleinen Rucksack wochenlang quer durch Mittelamerika reisen. Ich glaube aber nicht, dass der Durchschnittsmensch mit 60 noch so drauf ist. Vielleicht wird er seine Reise tatsächlich als Rentner machen. Mit großer Wahrscheinlichkeit wird die Reise dann aber einen anderen Charakter haben und vermutlich auch mehr Geld kosten. Das sollte man einfach bedenken, wenn man vorhat, die Verwirklichung seiner Träume auf später zu verschieben.

Abgesehen davon muss man sich auch fragen, was das Leben eigentlich für einen Sinn hat, wenn man die besten (und produktivsten) Jahre mit Dingen verbringt, die einem keinen Spaß machen und hofft, während der letzten Jahre endlich anfangen zu können zu leben. Ist das nicht kompletter Unsinn? Ich möchte jetzt leben!

Wenn man seinen Job kündigt, um eine Weltreise zu machen, zahlt einem niemand mehr Gehalt. Eventuell muss man bei seinem Lebensstil Abstriche machen, nimmt die Unsicherheit in Kauf, welchen Job man danach wieder findet, kann nicht hundertprozentig überschauen, welche Konsequenzen eine Auszeit langfristig haben wird.

Manche sind auch nicht bereit, den Preis für die Freiheit zu zahlen. Denn, auch das muss gesagt werden, man bekommt nichts geschenkt.

Jeder ist seines eigenen Glückes Schmied. Obwohl diesen Satz wohl jeder kennt, gibt es viele Menschen, die so leben, als würde jemand anders (der Chef, der über den Urlaub entscheidet, die Kollegen, die man nicht mit der vielen Arbeit allein lassen kann etc.) über ihr Leben bestimmen. Doch wir Menschen sind die einzigen Lebewesen, die die Möglichkeit haben, über ihr Handeln selbst zu entscheiden. Wir allein bestimmen über unser Leben.

»Wer die Freiheit aufgibt, um Sicherheit zu gewinnen, der wird am Ende beides verlieren.« (Benjamin Franklin)

V.

Anlage

33 Muster für Generalvollmacht

Von   (**Vorname, Name**, geboren am … in …, wohnhaft
       (Straße, PLZ, Ort)

       (Vollmachtgeber)

an   (**Vorname, Name**), geboren am … in …, wohnhaft
       (Straße, PLZ, Ort)

       (Vollmachtnehmer)

Hiermit wird der vorgenannte Vollmachtnehmer als meine
Vertrauensperson bevollmächtigt, mich während meines
Auslandsaufenthaltes vom … bis … in **allen** notwendigen
Angelegenheiten zu vertreten, in meinem Namen zu handeln
und zu unterzeichnen.

Die nachfolgende beispielhafte Aufstellung ist nicht
abschließend.

Wohnungsangelegenheiten

zum Objekt (Straße, PLZ, Ort) sowohl gegenüber dem
Vermieter Frau/Herrn … als auch gegenüber den derzeitigen
Untermietern Frau … und Herrn ….

Weiterhin ist Frau/Herr … berechtigt, einen oder mehrere
befristete Untermietverträge ab … in meinem Namen zu
schließen und zu diesem Zweck eine Makleragentur zu
beauftragen.

Vertretung gegenüber Behörden
z.B. Arbeitsagentur, Deutsche Rentenversicherung

Bank- und Postangelegenheiten:

z.B. Schecks auf mein Konto einzulösen, an mich gerichtete Postsendungen und Einschreiben entgegenzunehmen oder bei den zuständigen Poststellen abzuholen

(ggfs.) Verwaltung meiner Immobilien:

- Straße, PLZ, Ort

Die Vollmacht umfasst die Vermietung der Objekte, die Erstellung der Nebenkostenabrechnungen inklusive ggf. Anpassung von Nebenkostenvorauszahlungen gegenüber den Mietern, die Teilnahme an Eigentümerversammlungen inkl. Stimmberechtigung, das Eingehen von Verpflichtungen gegenüber Handwerkern und die Abwicklung von Reparaturen sowie der Schriftverkehr mit dem Verwalter in meinem Namen.

Steuerangelegenheiten
z.B. Abgabe von Steuererklärungen und Stellen von Anträgen in meinem Namen

Versicherungsangelegenheiten

_____

Datum, Ort

_____   _____
Unterschrift Vollmachtgeber   Unterschrift Vollmachtnehmer

34 Checkliste

34.1 Versicherungen

Krankenversicherung
- Auslandskrankenversicherung für Urlaubsreisen kündigen
- Auslandskrankenversicherung für Langzeitreisende abschließen

Haftpflichtversicherung
- Ist die Haftpflichtversicherung international gültig?

Hausratversicherung
- prüfen, ob Hausratversicherung bei Untervermietung gültig

Krankenzusatzversicherung
- (Chefarzt, Zähne, 2-Bett): fragen, ob man sie ruhen lassen kann, dann Anwartschaft beantragen, sonst prüfen, ob sich kündigen lohnt

34.2 Ticket
- RTW-Ticket oder Hinflug (evtl. auch Rückflug) buchen, Meilenverband checken

34.3 Auto
- Auto verkaufen oder geeigneten Stellplatz finden, evtl. abmelden

34.4 Wohnung

- Untermieter suchen (selbst oder Agentur beauftragen)
- evtl. kündigen und Lager suchen
- evtl. Einrichtungsgegenstände verkaufen oder verschenken
- evtl. Umzugshelfer organisieren, z.B. Studentendienst

34.5 Länderinfos

Infos einholen über die Länder, die bereist werden sollen

- Sehenswürdigkeiten
- mögliche Routen/Touren
- Wie komme ich vom Flughafen in die Stadt?
- Unterkunft für die ersten Nächte buchen
- Infos über Einreisebestimmungen einholen (benötigte Visa, Weiterreisenachweis, Impfungen etc.)
- Sicherheitshinweise des Auswärtigen Amts durchlesen
- Infos über mögliche Aktivitäten (Sport, Sprachschule etc.) einholen
- Art der Fortbewegung festlegen, Kauf- bzw. Mietpreise für Autos/Camper recherchieren
- Währungsrechner
  http://www.oanda.com/convert/classic

34.6 Homebase

- Vertrauensperson für Post und Finanzangelegenheiten bestimmen
- Vollmachten erteilen bzw. Passwörter für Online-Banking weitergeben
- Unterschriften einscannen

34.7 Impfungen
- Impfempfehlungen oder -vorschriften, ggf. Malaria mit Beratungsstelle abklären und impfen lassen

34.8 Abschiedsfeier
- … organisieren bzw. letzte Treffen mit Freunden und Bekannten verabreden

34.9 Finanzen
- Ist genug Geld da bzw. ist sichergestellt, dass der Geldtransfer funktioniert?

34.10 Technik
- Laptop vorbereiten (Bildbearbeitungsprogramm, True Crypt, mobiler Browser, USB-Stick, Musik, Filme, Hörbücher, unterwegs benötigte Dokumente für die Reiseplanung)

34.11 Reiseführer
- …kaufen

34.12 Job kündigen

34.13 Arbeitsamt
- arbeitslos melden
- Anspruch auf Arbeitslosengeld aussetzen lassen

34.14 Nachsendeauftrag
- … einrichten

34.15 packen

- Kisten packen für Um-/Auszug
- Koffer/Rucksäcke packen

34.16 Abmelden

- Internet / Telefon
- Strom

Svenja Limbach
Lars Pickel
Lebezeit. Ein schonungsloser Reisebericht
2010, 184 Seiten, bebildert. Taschenbuch.
14,95 €. ISBN 978-3-86931-900-1
Herstellung und Verlag: epubli GmbH, Berlin.

Lebezeit ist ein Projekt von Svenja Limbach und Lars Pickel aus Wiesbaden. Von September 2009 bis Mai 2010 nahmen sie sich »Zeit zum Leben« und bereisten acht Länder in acht Monaten. Dieser Reisebericht schildert die turbulenten Erlebnisse auf ihrer Reise mit allen Höhen und Tiefen und gibt einen amüsanten Einblick in den wahren Alltag zweier Langzeitreisender.